대치동
학습
멘탈리스트

대치동 학습 멘탈리스트

발행일 | 2023년 02월 17일

지은이 | 이선희

책임 기획 | 공준식, 손유섭   편집 | 이흥기, 안수현

디자인 | 흐 름

출판사 | 자 존   출판등록 | 2020년 6월 2일(제 000013호)

주소 | 부산시 부산진구 서전로47번길 19 3층 302호   홈페이지 | www.jajonbooks.com

이메일 | thsdbtjq96@naver.com

값 | 15,000원   ISBN | 979-11-982066-2-6

우리아이를 시험천재가 아닌 인생천재로 키우는 옵티마 모델

대치동 학습 멘탈리스트

이 선 희 지음

" 대치동도 모르는 옵티마 모델을 최초로 공개합니다! "

최적화 학습로드맵
'옵티마 모델' 수록

대치동 자녀교육의 비밀

28년간의 축적된
상담기법

JAJONBOOKS

자 존 출 판 사

목차.

아직도 대치동 보내시나요?

나는 아들을 잘 키우고 싶었다. 그냥 "잘 키우고 싶었다."하는 생각이 든다. 하지만 일하는 엄마라는 벽에 부딪혔다. 양적인 시간, 정보의 부족한 부분도 있었지만 잘하고 있는지 자신이 없었다. 부족한 엄마여서 항상 아이에게 미안한 마음이 컸다. 내 방향대로 끌고 가려는 욕심에 아이의 마음을 알아주지 못해서 힘든 시기도 있었다. 그럴 때마다 아이의 초롱초롱한 눈을 보며 숨겨진 재능을 알아보려고 무던히 노력했다. 제대로 가고 있는지 두렵기도 했다. 큰 맥락이나 방향성이 없이 노력만 하는 열혈 엄마로 살았다. 어두운 밤 목적지를 찾아 헤매는 사람처럼 내 아이를 위한 최적화된 내비게이션이 없었다.

◆ 방법을 몰라서 헤매는 부모

당신은 아이 손을 잡고 비포장도로를 걸어갈 것인지, 자동차를 타고 고속도로를 갈 것인지 정해야 한다. 대치동에는 '돼지엄마'라는 이름의 무리를 이끌어주는 리더가 있다. 나는 대치동의 돼지엄마가 아니라 이 책을 읽는 분들에게 길 안내자가 되고 싶다.

"어떤 학원에 보내세요?"라는 질문에 대부분의 부모들은 정확한 정보가 나오지 않는다는 것을 알고 있다. 소수의 집단이 형성되거나 그 무리에 들어가야 정보를 공유한다. 그러나 알려줘도 선택하기 힘든 경우가 더 많다. 직장맘은 정보를 알기 힘들 뿐만 아니라, 정보를 받더라도 어떤 선택을 해야 할지 판단 기준이 서질 않는다는 것이다.

나는 '둘째를 키운다면 정말 잘 키울 것 같다.'라고 말을 하곤 한다. 아들이 대학에 들어가기 전까지 내 삶은 온통 하나 있는 아들을 중심으로 돌아갔다. 그런 아들과 잘 지내려고 노력하다가 심리상담전문가가 되었다. 아들이 학교에 입학하면서 내 아이의 숨겨진 재능을 알아보려고 무던히 노력했다. 아이의 특성에 맞게 전학을 보내는 것도 마다하지 않았다. 중요한 시점에서 심리검사를 통한 과학적 성향 파악도 놓치지 않았다. 한 과목의 학원을 찾기 위해서 발로 뛰면서 적합도를 찾아다녔다. 아이가 중학생이 되고 학원을 찾아보며 아예 학원장이 되기도 했다. 그러면서 느꼈다.

"누군가가 나를 이끌어줄 만한 멘토가 있다면 얼마나 좋을까?"

당신은 "내 아이는 실험 대상이 될 수 없다."라는 강한 신념이 필요하다. 아이를 키우면서 시행착오를 하지 않을 수는 없다. 내 자녀를 위한 과학적이고 객관적인 파악이 필요하다면 이 책을 꼭 읽기 바란다. 나는 많은 시행착오를 거치면서 방법을 찾았고, 아이를 잘 키우기 위해 정말 많이 노력했다.

엄마가 제일 깊이 아이를 파악하기도 하지만, 객관적인 파악도 꼭 필요하다. 내 아이를 과학적 검사 도구를 통해 객관적으로 파악하는 메타인지적 지침을 가진다면 기분 좋은 양육이 가능하다. 여유 있게 아이를 파악하고 적합한 학습유형을 어릴 때부터 만들고 줄 수 있다. 내 아이에게 맞는 부모의 양육 방법을 이 책을 통해서 얻을 수 있을 것이다.

◆ 내 아이의 잠재력을 200% 올리는 옵티마 모델

이 책은 내 아이를 위한 '유형별 학습 최적화'를 이룰 방법을 알려준다. '옵티마 모델'을 통해 내 아이의 잠재력을 200% 끌어 올릴 수 있는 해결책을 제시한다. 우리나라 학습의 성지 대치동의 자녀 교육에 성공한 엄마들은 이미 실천하고 있는 방법이다. 이 방법을 꾸준히 연구하고 성공적으로 학교에 진학한 학생들을 인터뷰하며 책을 썼다.

〈1장〉 그래도 엄마들이 대치동에 보내는 이유.
교육전문가로, 멘탈코치로 왜 아이들이 옵티마 모델을 적용해야 하는지 알려준다.

〈2장〉 옵티마 모델, 상위 1%의 비밀.

옵티마 모델의 개념과 핵심 가치, 옵티마 모델이 무엇인지, 정체성을 파악할 수 있는 정보를 제공한다. 옵티마 모델을 적용한 사람들의 삶이 어떻게 바뀌는지 사례를 소개한다.

〈3장〉 뇌를 입체적으로 사용하는 메타인지.

메타인지가 무엇인지 소개하고, 메타인지를 알면 어떻게 학습에 도움이 되는지 설명한다. 메타인지를 어떻게 찾고 어떻게 높일 수 있는지도 함께 소개한다.

〈4장〉 잠재력을 이끌어 내는 시크릿 로드맵 학습유형.

메타인지를 활용한 학습유형의 필요성과, 찾는 방법을 소개한다.

〈5장〉 자녀의 파워 DNA를 깨우는 부모 역할.

부모 역할의 중요성과 부모부터 관리가 필요한 이유, 그리고 부모 역할의 방법을 소개한다. 옵티마 모델을 활용해서 학습 최적화를 할 수 있는 방법을 제시한다.

〈6장〉 '옵티마 모델' 실천편.

옵티마 모델을 재정립하고, 실제 옵티마 모델을 실천하고 있는 사례를 소개한다. 메타인지, 학습유형, 부모 역할 모두가 조화를 이루어 학습 최적화의 방법을 설명한다.

◆ 멘탈강자로 가는 옵티마 모델

옵티마 모델은 내 아이 성장을 위해서라면 선택이 아닌 필수다. 아이들은 학습을 통해서 멘탈의 강자가 되어야 한다. 좋은 대학, 좋은 성적을 받는 아이가 아니라 이것은 시작일 뿐이다. 아이는 작은 성취, 동기 부여, 방법 그리고 환경이 구축되면 뭐든지 할 수 있다.

옵티마 모델을 통해 동기 부여, 방법 그리고 최적의 환경을 만들자. 공부, 운동, 다이어트 등에 적용하자. 미래에 내가 이루고 싶은 직업에 응용해 보자. 내가 이루고 싶은 꿈을 옵티마 모델로 구체화해보자.

아들은 대학 복학 전 〈별이 우리에게 닿기까지〉라는 책을 쓴 작가이기도 하다. 나는 아들이 학습 천재가 아닌 인생 천재로 성장하는 것을 꿈꾼다. 엄마인 나도 성장하고 있다. 나도, 아들도 얼마나 성장할 지 꿈을 꾸기만 해도 벌써 행복해진다.

옵티마 모델을 적용한 학습 멘탈의 강자들이 나오기를 바란다. 옵티마 모델을 적용한 운동 멘탈 강자들, 강력 멘탈 연예인, 강력 멘탈 CEO 등 각자 자신의 일에서 멘탈을 조절할 수 있는 강자들이 나오기를 바란다.

지금은 어느 때 보다 개인의 멘탈이 중요한 시기이다. 건강한 멘탈이라는 인생의 제일 큰 선물을 줄 수 있는 부모가 많이 생기기를 희망한다. 1900년대는 주입식 교육, 2000년대는 맞춤형 교육, 이제는 어떤 교육일까? 최적화 교육이다. 새로운 학습 패러다임이 열릴 것이다.

이 책을 읽는 모든 부모가, 옵티마 모델을 적용하여 내 아이가 사는 지역을 대치동으로 만들기 바란다.

"당신, 아직도 대치동 보내시나요?"

1

그래도 엄마들이
대치동을 보내는 이유

1장.
그래도 엄마들이
대치동을 보내는 이유

1. 대치동 출신 원장이 말해주는 입시진실

◆ 대치동은 대한민국 모든 욕망의 최전선이다

10대, 20대 사망원인 1위, 자살. 충격적이다. 우리나라는 자살 사망률 1위로 자살 공화국이 되어가고 있다. 왜? 도대체 그렇게 많은 아이가 이처럼 안타까운 선택을 했을까? 아니, 왜 그럴 수밖에 없었던 걸까?

우리나라는 세계 어느 나라보다 교육열이 높은 나라다. 그 중심에는 이미 고유명사처럼 되어버린 동네, '대치동'이 있다. 서울은 물론, 지방에서도 학년이 올라가면 대치동으로 이사 가려 하고, 일단 대치동 학원에 대기부터 넣고 본다. 정말이지 대치동에만 가면 교육 문제는 자연스럽게 해결되고 부모와 아이가 원하는 바를 모두 이룰 수 있는 것처럼 보인다.

대치동. 거기선 정말 모든 게 해결될 수 있는 것일까? 그리고 꼭, 대치동이어야만 할까?

◆ 대치동에 보내도 망하는 이유

대치동은 대원족(고소득층, 전문직 출신의 대치동 원주민), 연어족(도곡동, 한티역 일대의 재건축한 아파트로 회귀한 대원족의 자녀 세대), 대전족(대치동 전세 전입자들), 원정족(대치동 외부에 거주하며 주말마다 대치동 학원가로 오는 사람들)들이 모여 살고 있다. 토박이 대치동 엄마들인 대원족이나 연어족은 어떻게 아이를 교육할까?

대치동 아이들은 우울, 불안, 강박을 호소한다. 학교나 학원에서 수행 할 과제는 힘에 부치고, 부모의 높은 기대에 맞출 수 없어 좌절하는 아이들이 대부분이다. 어디서도 위로받지 못하고 스트레스를 해소할 출구도 찾지 못해 10대의 중요한 시기를 무의미하게 흘려보내고 있다. 이런 부정적 경험들로 인해 20대에 홀로 서지 못하고 부모 곁을 떠나지 못하는 아이들이 늘어나고 있다.

진짜 대치동의 교육을 받지 못하면서 방향을 잃어버린 아이와 엄마들로 인해 대치동은 몸살을 앓고 있다. 진짜 대치동 엄마가 되지 않고서는 이런저런 정보에 휩쓸리거나 출처 없는 정보에 의지할 수밖에 없다. 그러다 대치동 유령으로 학원만 다니다가 실패하는 경우가 허다하다. 내 아이를 위한 확고한 방향성과 정확한 분석, 자신만의 기준을 가지고 대치동 토박이처럼 아이들을 교육할 수 있는 모델이 개발된다면, 우리 집을 대치동으로 만들 수 있다.

◆ 대치동이 대치동인 근본적인 이유

토박이 대치동 엄마와 뜨내기 대치동 엄마들은 대치동 거주의 가장 큰 이유를 '최고의 사교육을 받을 수 있기 때문'이라고 말한다. 대치동으로 이사만 가면 최적의 환경에서 최고의 교육을 받을 수 있다고 확신한다.

대치동은 인접 지역, 지방, 해외까지 강력한 자석처럼 피교육자들을 빨아들이고 있는 교육 최대의 노하우와 데이터가 쌓인 하나의 큰 교육시장이다. 대치동의 강점이자 가장 큰 경쟁력이 바로 이것이다. 최상위권 입시정보를 알고 있는 학원과 학생들이 모인 곳이자 우리나라 교육의 모든 것을 알 수 있는 곳이다.

나는 상담하는 직업의 특성상 10대의 아이들과 부모를 많이 만난다. 어느 날 의사 할아버지를 둔 원정이를 만났다. 원정이는 어릴 때부터 학습이 빠른 영특한 아이였다. 기대에 못 미쳤던 아버지보다 원정이는 아버지처럼 초라하게 살고 싶지 않았다. 초등 영재였고 외고를 갔기에 인정과 기대를 한 몸에 받던 원정이는 좀 더 완벽해지고 싶었다. 그래서 외고를 자퇴하고 혼자 서울, 대치동으로 갔다.

할아버지는 원정이의 학원비로 건물을 주셨다. 수능 만점을 받아서 할아버지의 기대를 채우고 인정받고 싶었던 원정이는 수능 첫 시간에 공황장애로 시험을 망치고 자신을 책망하며 재수를 준비하고 있다. 원정이의 내면 아이는 대치동을 떠나지 못하고 유령처럼 자신이 머물던 곳을 배회하고 있다. 원정이의 엄마는 자신이 좀 더 아이의 방향을 잡아주지 못했다고 자책했다.

원정이는 정확한 입시정보 없이, 그리고 자신을 정확하게 파악하지 못한 채 무작정 대치동으로 갔다. 잘해야만 된다는 부담감과 압박감으로 가서 시험을 망치게 된 사례이다.

대치동 설명서를 정확하게 파악하지 못한 대치동의 아이들은 이런 저런 정보에 휩쓸리거나 남의 정보에 의지하다가 자신에게 맞는 목표와 방향을 잃어버린 미아가 되고 있다.

◆ 우리 동네가 대치동이 될 수 있다면

말을 물가까지는 끌고 갈 수 있어도 말에게 물을 먹일 수는 없듯이 어느 환경에서건 자기가 독립적으로 판단하고 결정할 힘을 기르는 게 상당히 중요하다. 대치동 교육을 100% 실천하고 있는 학생의 3가지 공통점이 있었다.

---

* 대치동교육 100% 실천 학생의 세 가지 공통점
첫째, 자신을 정확하게 파악하는 높은 메타인지
둘째, 메타인지를 통한 자신의 학습유형 구축
셋째, 자녀를 존재만으로 끊임없이 지지해주는 부모의 절대적인 지지와 사랑

나는 28년의 교육 상담 경험으로 이 공통점을 하나하나 자세하게 분석했고, 그들이 무의식적으로 하는 행동들을 토대로 하나의 모델을 만들어냈다. 대치동을 가지 않더라도 대치동 학습이 가능한 부모와 자녀 모두가 원하는 걸 이뤄낼 수 있는 획기적인 모델을 마침내 완성했다. 바로 교육시장의 패러다임을 바꿀 최적화 모델이다.

이제 이 책을 읽는, 당신이 있는 장소에서 대치동 교육을 경험할 준비가 되었는가?

2. 스카이캐슬 현실판, 아이들의 우울증과 자살

행복의 문이 하나 닫히면 다른 문이 열린다. 그러나 우리는 종종 닫힌 문을 멍하니 바라보다가 우리를 향해 열린 문을 보지 못하게 된다.

- 헬렌켈러 -

◆ 우울증과 자살 충동 증세를 보이는 대치의 아이들

2019년 방영되었던 JTBC 주말 드라마 '스카이캐슬'에서 대치동 맘의 롤모델이던 가족이 풍비박산 나는 사건을 다뤘다. 극 중 영재는 서울대 의대에 합격한 순간 가출했다. 정신과 치료를 받을 정도로 어린 시절부터 공부 압박을 심하게 받아서 부모에게 복수하고 싶었다. 아들의 절연에 충격을 받은 영재의 엄마는 상심 끝에 자살하고 그녀의 남편은 병원장을 눈앞에 둔 상태에서 근무하던 병원을 그만둔다. 이 내용은 대치동의 단면을 극단적으로 묘사했다.

사람들은 닫힌 문만 멍하니 바라보다가 동기를 잃고 무력감에 빠져 좌절하는 경우가 많다. 좌절했더라도 일어서면 되는데 무조건 잘해야 한다고 밀어붙이는 부모의 압박 속에서 자신감을 잃어갈 뿐만 아니라, 극단적인 생각까지 하는 게 현실이다. 지칠 때 힘이 되어주고 사랑을 주어야 할 부모가 아이들을 더 압박해서 벼랑 끝으로 내몰고 있다.

대치동 일대에는 검은 옷을 입고 아이들을 미행하는 엄마들이 있다. 아이가 학원에 제대로 가는지 독서실에 제대로 가는지 감시하기 위해서다. 이제 막 초등학교에 들어간 아이들은 아침 10시부터 밤 10시까지 소위 '텐텐'이라 불리는 학원 일정을 소화한다. 아이들의 인생을 대신 살아 줄 것도 아니면서 내가 못 이룬 꿈들을 아이들을 통해 대리만족하려는 건 아닐까? 주변 사람들에게 보이는 모습, '허영심'이 때로는 아이도 잡고 부모도 잡아먹는다. 사교육의 악순환 고리에서 헤어 나오지 못하고 있는 현실, 그 탈출구는 없는 것일까?

◆ '내가 왜 이러지'

강남 세브란스 병원 정신의학과에서 소아 청소년을 진료하는 김은주 교수는 특목고 입시, 대학 입시가 끝나는 시기에 청소년 상담 환자들이 급증한다고 했다. 다수가 입시에 실패한 학생들이다. 김 교수가 만난 한 엄마와 자녀는 정서적인 교감이 단절된 채 엄마는 무력감에 빠져 있었고 아이는 극심한 패배감에 젖어 있었다. 엄마와 자녀 모두 정서적 불안과 우울 증세를 보였다. 대한민국 교육이 부모와 아이를 벼랑으로 몰아가고 있다.

부모도 아이도 정서적으로 소진되어 자발적인 동기 없이 분노의 감정으로 자신을 유지한다. 9살, 7살, 6살인 탤런트 임호의 삼 남매는 대치동에서 일주일에 총 34개의 학원 일정을 소화하고, 주말 역시 숙제하느라 쉴 틈이 없다. 수학에 뛰어난 능력을 보이는 둘째는 본인이 썼던 정답들을 지우고 일부러 오답을 써서 "다음 숙제로 넘어가기 싫어서 일부러 오답을 썼다."라고 고백했다. 자녀 교육으로 매일 전쟁 같은 나날을 보내고 있던 엄마는 "부모로서 아이들의 능력을 만들어줘야 한다고 생각해요. 내가 이걸 안 해주면 부모로서 못 해주는 것 같은 불안감이 있어요. 하지만 가끔은 '내가 왜 이러지?'라는 생각을 반복하면서 눈물도 나요."라고 말했다. 세 아이 모두 현재 우울감이 있는 상태였다.

아이는 강력한 욕구가 없는데 부모가 억지로 학원에 보낼 때 정서적으로 심하게 망가질 때가 많다. 상담할 때 같은 부모로서 가슴이 답답하고 눈시울이 붉어지기도 한다. '이렇게까지?'라는 생각이 들기도 하고 상대적 박탈감과 남의 시선을 의식하며 살아온 경험을 들으며 무엇이 옳은 것인지, 무엇을 위한 것인지를 생각하기도 한다. 부모이기에 갖는 책임감이 왜곡되어 우울감과 자살까지 내몰 수 있다는 것을 환기할 필요가 있다.

◆ 올바른 부모의 역할이 필요하다

부모로서 가장 바람직한 변화의 시작은 아이를 위하는 마음부터 시작된다. 바로 이것이 우리나라 사교육의 대표 성지인 대치동의 존재 이유라고 생각한다. 부모로서 지금 나아가는 길이 내 아이와 나에게 적합한 길인지 점검해볼 필요가 있다. 모든 정보를 모아 도움은 얻되 최종적인 판단은 내 아이를 가장 정확하게 파악하고 있는 엄마의 몫이기도 하다. 학생들에게 필요한 건 공부하고자 하는 '동기'와 '열망'이다. 내면의 힘이 없는 아이는 무너지기 쉬운 모래성과 같다. 그래서 부모의 역할은 아이와의 관계 속에서 마음먹은 것을 지속적으로 해낼 수 있도록 함께 만들어 가야 한다.

자식이 무엇을 원하는지 살피지 못한 채 그저 부모 욕심으로 힘껏 끌고 가는 일은 없어야 한다. 부모는 그저 하늘 위 가장 밝게 빛나는 성숙한 별로서 자식의 가는 길을 비춰 주면 된다. 넘어지고 깨지더라도, 기어코 걸어가는 자식의 모습을 지켜봐 주는 부모의 역할이 중요하다. 그러나 그것만으로는 부족하다. 부모가 내 아이를 위한 객관적, 과학적인 파악부터 하는 현명한 판단이 더 중요하다.

좋은 부모는 자식을 자랑스러워하는 부모가 아니다. 만족스러운 성취를 얻지 못한 자녀를 다독이면서 자신감을 잃지 않도록 믿어주는 부모이다. 그럼 어떤 부모가 아이를 성공시킬 수 있을까? 단연코 아이와 유대 관계가 좋은 부모이다.

대화 없이 크는 당신의 자녀는 이미 울타리가 없이 노출된 상태다. 대화를 통한 유대관계를 어릴 때 부터 쌓는 것이 아이의 성향파악을 하는 지름길이다. 더불어 과학적 근거가 있는 검사 도구와 전문가들의 의견을 듣고 참고한다. 이를 바탕으로 내 아이를 성장시킬 수 있는 전문가로서의 부모가 탄생한다.

3. 입시 코디 비용이 25억 실화인가?

원하는 대학 간판을 달기 위해 목숨 걸고 공부시키는 학부모들과 목숨 걸고 공부하는 학생들의 '공부 상처'는 충격적이다.

SKY캐슬 속 '입시 코디네이터', 상류층만의 이야기가 아니다. 공모전, 경시대회 등을 대비한 단기 상담부터 고등학교 전 과정을 수천만 원부터 수억 원에 맡기기도 한다. 현 입시 제도가 너무 어렵기 때문이다. 수시는 등수가 있는 것도 아니고 점수를 눈으로 확인할 수도 없다. 내 아이가 어디쯤 서 있는지 모르니 부모들은 뭘 더 해야 하는지 전전긍긍할 수밖에 없다.

학종(학생부 종합전형)은 전문가에게 돈을 쏟으면 성공하는 게임이며, 학종은 빈부 차에 따라 학벌의 세습 차이도 격화되는 제도가 되었다.

◆ 대치동 이사, 후회하시나요?

"아파트 한 채 값 'SKY캐슬'의 입시 코디···70%는 진실!"

JTBC 인기 드라마였던 'SKY캐슬'의 슬로건은 '가장 높은 곳을 향한 그녀들의 이야기'다. 부와 명예, 권력을 모두 거머쥔 상위 0.1%의 엄마들이 제 자식을 왕자, 공주처럼 키워내는 스토리다. 이야기의 중심인물은 서울대 입학사정관 출신의 입시 코디네이터 김 선생이다. 그녀가 관리하는 모든 학생은 서울대 의대에 100% 합격한다. 드라마는 김 선생을 얻기 위해 벌어지는 엄마들의 암투와 자녀 교육이라면 무슨 짓도 마다하지 않는 상류층의 이야기를 현실감 있게 그렸다.

드라마에 묘사된 사교육의 모습은 현실과 얼마나 닮았을까? 김 선생처럼 대학 입학사정관 출신의 코디들이 존재하고, 이들은 고1부터 대학 입학까지 학생들의 입시 전반을 관리한다. 입시가 너무 복잡하기 때문이다. 사실상 수능과 정시 위주 입시에선 스펙보다 수능성적이 중요하다. 특히 학생부에 기록할 스펙을 쌓고, 고스펙이 입시의 성패를 좌우하면서 입시 코디라는 직업이 생겼다.

내 자녀를 조금이라도 좋은 학교에 보내야겠다는 그 욕망과 불안의 심리를 채워주는 게 사교육이다. 사교육 업계에선 '대치동은 부모들의 불안을 먹고 산다.'라는 말이 오간다. 대치동에 가지 않으면 우리 아이가 명문대에 가지 못할 수도 있다는 부모들의 불안감은 지난 20여 년간 대치동을 사교육 시장의 메카, 나아가 '학벌의 산실'로 자리 잡게 한 동력이다.

◆ 비싼 컨설팅이 좋은 걸까?

EBS 대학입시의 진실에서 방영된 내용에는 '학교생활기록부는 무려 31번 진화했다.'라고 한다. 전국 학부모 대상 '대입 정보 모의고사' 지역별, 계층별 정보 격차가 뚜렷하게 드러났다. 고득점 학부모는 학원의 컨설팅을 통해서만 정확한 입시정보를 얻을 수 있었다고 믿고 있었다. 다양한 전형 요소와 방법, 생소한 용어들이 입시 과정에서의 '정보 격차'를 심화시키고 있다는 것을 알 수 있다. 과연 비싼 컨설팅이 답일까?

'미국판 스카이캐슬' 입시 컨설턴트의 미국 대입시장을 보면 상류층 부자와 스타 연예인 부모가 연루돼 최근 미국 사회를 뒤흔든 입시 비리 사건이 있다. 부자 부모들이 명문대 입학을 보장한다는 입시 컨설턴트에게 막대한 금액을 지불했다. 한국의 대학수학능력시험 격인 표준화된 시험(SAT, ACT) 성적이 떨어지는 학생들을 위해선 시험 성적을 조작했다. 감독관을 매수하고 '대리시험의 달인'으로 불리는 전문가에게 시험을 보도록 해서 성적을 올렸다.

복잡한 입시전형과 학부모들의 불안한 심리가 맞물리면서 고가의 입시 컨설팅 업체가 성행을 부추기고 있다. 미국의 일부 부유층의 비윤리적 행태와 더불어 미국 대학입시 제도의 몇 가지 현실을 다시 한

번 되짚어보는 계기가 됐다. 미국도 한국도 입시경쟁 자체에 변화가 없는 한, 자녀의 대학 입시에 비싼 컨설팅 비를 지불하는 입시 코디 같은 자원을 활용하려는 경쟁이 약화될 것 같지는 않다. 부모의 불안과 입시 코디의 컨설팅 사례는 비례하는 것인가?

◆ 무리해서 들어간 대치동, 노후도 교육도 모두 망친다

월급 전액은 학원으로, 생활비는 대출로… 대치동 거지라는 학부모의 하소연이 늘어나고 있다. 대치동에는 아이들 교육비로만 1년에 억대가 들어가는 게 현실이다. 학세권 대치동을 떠받치는 대전족들은 대입까지 7, 8년 동안 비싼 전세살이를 감수한다. 사교육의 메카 대치동의 학부모 상당수는 아이들의 사교육에 소득 대부분을 쏟아붓는다. 생활비를 은행으로부터 대출까지 받고 있다.

샐러리맨 월급으로 대치동에서 버티기란 정말 쉬운 일이 아니다. 그래서 시댁이나 친정에서 생활비를 보조받는 집이 많다. 경제력이 있는 시댁에서는 3년 동안 학원비를 대주기도 하고, 갈 때마다 1,000만 원씩 주는 등의 경제력을 과시한다. 정말 너무 스트레스를 받아서 하루에도 수십 번씩 대치동을 떠나 버리고 싶은 부모들도 많다. 진지하게 고민해보기도 했지만, 대안은 없다. '노후를 담보로 애들을 위해 눌러 살자.' 이렇게 결론 내리고 그냥 이를 갈고 있다.

고2 서연이와 엄마는 대화를 아예 하지 않는다. 딸이 어렸을 때는 대치동 엄마들처럼 학원을 3~4개 보내면서 엄마의 욕심대로 성과를 내고 교육했다. 중학교 때는 점점 말을 안 듣고, 고등학교 때는 가출을 했다. 어느 순간 더 이상 이런 상태로는 아이가 망가지겠다고 생각했다. 아이와 대화를 회복하는 것부터 시작했다. 아이를 망치는 과열 교육이 과연 돈을 이렇게까지 많이 들여야만 가능한 일인가?

피 말리는 입시코디에 내 아이의 인생을 맡기는 길 말고 방법은 정말 없는 걸까?

4. 상위 1% 천재들의 몰입비결은 이것이다

◆ 도대체 상위 1%는 무엇이 다를까?

전국 석차 0.1% 최상위 우등생의 놀라운 비밀을 만드는 결정적 차이는 무엇일까? 지식에는 두 가지 종류의 지식이 있다. 알고 있다는 느낌은 있는데 남들한테 설명하지 못하는 지식과 남들에게 설명할 수 있는 지식이다.

모의고사에서 0.1%, 800명의 설문 조사 결과이다. 최상위권 그들은 내가 아는 것과 모르는 것을 정확히 파악하고 공부하는 인지 능력이 높았다. 자신이 알고 있는 지식을 설명을 할 수 있었다.

최종적으로 자녀를 어떻게 성공시킬 것인가? 그 해답은 메타인지를 아는 사람과 모르는 사람으로 나눈다. 우리는 어느 쪽에 있는 부모로 남아있을 것인지 선택하는 것만 남았다.

◆ 메타인지란 무엇일까?

네덜란드 라이덴 대학의 최근 연구 결과에 따르면 IQ가 성적에 미치는 영향은 25%, 메타인지가 성적에 미치는 영향 40%로 나타났다. '메타(Meta)'는 '최상의, 초월의, 최고의'라는 접두어이다. 메타인지는 '최상의 앎', 쉽게 말해서 '진짜 안다'라는 의미이다. '자신이 아는 것과 모르는 것을 구분하는 능력'을 말한다. 메타인지는 스스로 아는 것과 모르는 것을 구분하고 문제를 찾아내어 학습 과정을 조절하는 상위능력의 인지과정이다. 언제 어디서 문제해결을 위한 특정 전략을 사용하는가와 같은 문제를 다룰 때 메타인지의 개념이 다양하고 유용하게 쓰인다.

같은 시간을 공부해도 더 뛰어난 결과를 내는 사람, 예상치 못한 문제에도 당황하지 않고 곧바로 자신만의 해결책을 찾는 사람, 스트레스 없이 학습과 배우기를 즐기는 사람의 공통점은 바로 메타인지가 뛰어났다.

메타인지는 자신을 한 차원 높은 시각에서 관찰, 발견, 통제하는 정신 작용이다. 정답이 아니라 '정답을 찾는 과정'을 배우고 습득하는 것을 말한다. 1976년 미국의 발달심리학자 존 플라벨이 처음 만든 개념으로, '인지에 대한 인지', '생각에 관한 생각'이라고 정의하기도 한다.

메타인지를 단순히 성적을 높이고 공부를 잘하기 위한 스킬이나 방법론으로 생각한다면 잘못된 접근이다. 우리는 살면서 수많은 문제를 겪는다. 그런 문제 앞에서 쉽게 포기하고 겁먹고 회피하는 사람이 있는 반면에 누군가는 문제를 직시하고 해결책을 찾기 위해 노력한다.

◆ 메타인지를 키우려면

상위 1% 공부법으로 알려진 메타인지. 어떻게 키워야 할까? 내가 주도해서 옳고 그름을 알고 피드백해야 한다. 경험해보고, 말로 설명하고, 토의과정을 거쳐야 한다. 첫 번째 자신에게 질문하는 생각의 훈련. 둘째 자신의 장단점을 알고 계획을 세우고 실천하는 것. 셋째 배운 것을 가르치고 구체화하고 점검하는 과정을 거친다. 이렇게 메타인지는 지능과 달리 학습으로 충분히 그 능력을 높일 수 있다.

항상 전교 1%를 도맡아 하는 지영이는 전체를 한 번 훑은 다음 1번이 아닌 22번부터 문제를 풀기 시작한다. 여러 차례의 시행착오 끝에 자신의 스타일을 확립했다. 처음 15문제가 화작(화법과 작문), 다음이 문학, 비문학인데 평소에 비문학이 약해서 비문학 문제에 부담이 컸다. 비문학을 제일 먼저 풀다가 다른 문제에서 많이 틀린 경험이 있었다. 비문학을 먼저 풀면 자꾸 놓지 못하고 시간을 초과하게 되기도 했다. 일단 문학부터 풀고, 화작으로 머리를 식히고 마지막 비문학을 풀었더니 제일 결과가 좋았다." 자신의 장단점을 알고 변화하는 과정을 거치면서 문제해결을 했다.

메타인지가 뛰어난 학생들은 누가 시키지 않아도 자신의 문제점을 해결할 방법을 경험으로 안다. 시간을 측정하면서 문제를 푼다든가, 문제에 밑줄을 그으면서 읽는 등 반복되는 실수를 줄이려고 나름의 노하우를 개발해낸다. 안다는 기준으로 말할 수 있는 것은 완벽하게 숙지해서 남들에게 설명할 수 있을 정도가 되어야 한다. 메타인지가 높은 학생들은 스스로 부족함을 느끼고 변화하는 힘을 개발한다.

◆ 메타인지를 알아야 내면의 힘을 키울 수 있다

메타인지는 자기 자신을 자세히 알아가는 통찰의 과정이다. 내가 무엇을 잘하는지, 내가 무엇을 못 하는지, 어떤 성격인지 어떤 성향인지 등등 스스로 자문하고 답을 알아가는 과정이다. 이 과정을 통해 자신을 알아 갈 수 있다. 이 과정을 통해 한 단계 더 성장할 수 있는 계기가 된다. 메타인지를 가진 아이는 갖지 못하는 것들에 대한 좌절보다 이미 가지고 있는 것에 대해 감사하는 아이, 자신의 노력 여하에 따라 성장할 수 있다는 것을 믿는 아이, 세상과 타인을 쉽게 판단하지 않으며 있는 그대로 보려고 노력하는 아이다.

고2 민준이는 1차 지필 때 수학을 망쳤다고 했다.

"그래? 왜 망쳤다고 생각하니?"

"우선 시험시간에 마음이 너무 급했어요. 둘째로 문제를 잘못 읽어서 틀렸어요."

"그래서?"

"시험 때 긴장하는 것은 시간에 대한 촉박함 때문인 것 같았어요. 시험 때 긴장하지 않도록 문제 풀 때 시간을 재면서 공부해요. 또 문제를 풀 때마다 조건과 문제에 정확히 밑줄을 그으면서 실수를 줄이려고 노력 중이에요"

자신이 성적이 떨어진 원인을 정확히 파악하고 분석하고 있었다. 1차 지필 평가 후 자신의 문제를 위해 최선을 다해 보완한다. 이처럼 메타인지를 통해 모르는 부분을 중점적으로 반복함으로써 가장 효율적인 학습이 가능해지므로, 이렇게 하면 간단히 메타인지를 키울 수 있다.

수능 만점자, 그들의 비결을 분석하면 더 구체적으로 공통점이 발견된다. 바로 '메타인지'다. 더욱 중요한 것은 메타인지 능력은 충분히 학습될 수 있다. 상위 1%의 몰입비결 시작점은 바로 메타인지이다. 자세한 방법은 3장에서 다루도록 하겠다.

5. 서울대생 5천 명의 학습법

◆ 소비, 암기형 학습의 종말. 단순 암기의 시대는 끝났다

학습유형에는 3가지 시각형, 청각형, 운동형의 이해가 필요하다.
잠재력을 이끌어주는 물리적 공간과 학습공간도 모닥불 형, 물웅덩
이 형, 동굴형, 산꼭대기 형으로 학습을 촉진 시킬 수 있다. 함께 창
의성과 협력, 도전을 요구하도록 과제를 제시하는 최적화된 학습이
필요하다.
　　　　－〈교실이 없는 시대가 온다〉, 존 카우치, 제이슨 타운 지음 －

동물들은 각자만의 개성대로 활동하고 움직인다. 독수리는 날아서,
거북이는 수영해서, 토끼는 뛰어서, 개미는 호랑이 등에 타서 각자만
의 전략을 가지고 목적지에 간다.

전교 1등의 공부법 트렌드는 새벽 공부이지만 저녁형의 야행성도
있다. 이런 학습이 뜬다고 해서, 혹은 수능 만점자들이 이렇게 공부
한다고 해서, 내 아이를 무조건 거기에 맞출 필요는 없다. 자기에게
맞지도 않는 걸 억지로 하면 오히려 부작용이 날 수 있다.

상위권 학습자는 각자 자신만의 학습전략이 존재한다. 목적지에 도
달하는 방법은 각자의 전략이 다르게 있다. 어떤 사람은 달리기를 잘

해서, 혹은 수영을 잘해서 목적지에 도달한다. 내가 잘하는 것으로 전략을 세우는 것이 이상적이다. 그래서 공부도 각자만의 학습유형을 찾는 것이 전략의 필수조건이다.

우리나라 교육의 성지 대치동에서는 전략적인 유형별 학습을 이미 하고 있다.

◆ 서울대생 5천 명은 자기에게 맞는 학습 방법을 찾았다

서울대 재학생 5천 명을 대상으로 한 연구 결과가 있다. "나에게 적합한 공부 방법과 능력 향상법을 찾을지 스스로에 관한 연구했다.", "우선순위를 정의하고 나에게 맞는 스킬의 최적을 찾고 정립하였다."라고 스터디 코드의 조남호는 얘기한다.

매년 수능 만점자들이 "공부하기 전 독서를 했다."라고 하면 그해는 그 공부법이 유행처럼 바람을 일으키곤 한다. 하지만 대치동의 사람들은 어떻게 학습하고 있는지 아는가? 결국 해내는 사람은 사고방식이 다르다. '열심히'가 아니라 전략적으로 맞는 상태를 만들어 갈때 비로소 성공할 수 있다. 서울대생은 자신의 부족한 문제의 원인을 고민하고 극복할 수 있는 전략적으로 뛰어난 학생들이었다. 최상위권인 서울대생은 어떻게 자신의 학습유형을 찾았을까?

최상위권의 학생들은 자신에게 맞는 방법을 필요에 따라서 적용하고, 스스로 또는 도움을 요청하는 꾸준함을 쌓았다. 적용을 통해서 자신감을 가지게 되었다. '나는 괜찮은 사람이다.'라는 자존감, 방법만 알면 어떤 분야든 고수가 될 수 있다는 자신감을 가지고 있다. 서울대생은 '나'라는 학습과목을 우선으로 하였다. 나라는 사람을 규정하는 것이 필요하다.

◆ 학습유형에는 어떤 게 있을까?

 실제로 대치동의 부모들은 아이들의 학습유형을 어떻게 파악할까?
객관적이고 과학적인 방법을 통하여 근거 있는 주관성을 더한다. 전
세계적으로 통용되는 가장 신뢰할 수 있는 웩슬러(지능검사), TCI(
기질 및 성격검사), MBTI(성격유형검사)와 PAT(부모 양육 태도검
사) 등의 분석을 통해서 내 아이만의 학습유형을 파악하고 그 전략
을 짜는 내 아이만의 최고의 전략가로서 내 아이의 공부유형을 찾
기 시작한다.

검사 도구	내용
웩슬러 지능검사	- 현재 지능 검사 중 가장 신뢰성이 높은 지능검사 - 구분: 웹시(만30개월~6세7개월), 위스크(6~15세), 웨이즈검사(16~64세) - 측정영역: 언어이해, 시공간, 유동추론, 작업기억, 처리속도, 전체지능 - 아이의 영역별 장단점과 키울 수 있는 방향 제시에 도움
TCI: 기질검사	- 태어난 기질(temperament)과 환경검사 - 사회적 성숙도와 성격을 구분한 인성검사

TCI: 기질검사	- 태어난 기질(temperament)과 환경검사 - 사회적 성숙도와 성격을 구분한 인성검사
PAT: 부모양육 태도검사	- 검사항목: 지지표현, 합리적 설명, 성취 압력, 간섭, 처벌, 감독, 과잉 기대, 비일관성 등 8가지 항목 - 부모가 자녀를 대할 때 객관적으로 자신을 돌아보는 중요지표
MBTI: 성격유형검사	- 성격을 16가지로 나누어 놓은 검사 - 에너지의 흐름, 인식, 판단, 생활양식 등의 타고난 성향을 찾는 검사 - 아이들의 선호 경향들을 파악하여 학습유형을 적용하고 응용

대치동의 부모들은 과학적인 학습의 로드맵과 자녀를 이해하는 최적화된 로드맵을 원한다. 내 아이만을 위한 유형별 학습을 전략적으로 하고 있다. 서울대 5천 명의 학습법을 적용하여 나의 아들도 지방 일반고 4등급에서 서울권 공대를 입학하는 성과를 내었다. 나만의 학습유형의 전문적인 방법을 찾는 것이 내 아이를 SKY로 보내는 길이다.

◆ 자기에게 맞는 유형으로 학습하라

당신이 나무를 오르는 능력으로 물고기를 판단하면, 물고기는 한평생 자신이 바보라고 믿으며 살아갈 것이다.

— 알버트 아인슈타인 —

당신의 아이가 물고기라면 뛰는 방법을 생각하지 말고 헤엄치는 방법을 알려주어야 한다. 뛰는 것을 가르쳐 줘도 활용할 수가 없다. 엄청난 시간 낭비. 지금은 공부시킬 때가 아니라 아이를 위한 최적의 유형부터 파악해야 한다. 아이가 학업을 못 한다고 야단을 칠 일이 아니다. 아이가 물고기인데 나무를 오르는 방법을 알려주려고 한 것은 아니었는가?

나에게도 23살 아들이 있다. 아들은 초등 저학년과 고학년 때 웩슬러 검사, 4학년 때 MBTI와 부모 양육 태도검사, 중 고등 때는 U&I 검사 등의 학습유형과 성격검사를 했다. 내향형으로 분석하는 것을 좋아하는 연구자 유형이었다. 개인적인 시간과 공간을 제공해 주어야 하고 단체생활을 하면서 에너지가 떨어진 것을 집에서 보충하는 휴식이 필요한 아이다. 고3 때도 야간자율학습을 하지 않고 집에서 잠시 잠을 자고 공부했다. 아이의 이런 특성을 인정하고 이해해주었다. 아들은 마음이 편해지니 맹렬하게 공부에 몰입하고 수능을 치기

전날까지도 자신의 흐름을 깨지 않았다. 간혹 힘들 때는 내 아이만의 개인 상담사가 되어주며 지지하고 격려하는 힘을 실어주었다. 이런 과정으로 아들은 대학을 들어갈 때 전공에 관한 고민을 하지 않고 하고 싶은 과 선택도 할 수 있었다.

　내 아이를 위한 전략은 부모의 편향적이고 주관적인 잣대의 판단으로 하지 않아야 한다. 메타인지와 그것을 기반으로 한 학습전략 로드맵, 자신을 이해하는 부모의 따뜻한 시각이다. 성공적인 자녀를 키우는 방법은 바로 이 세 가지가 유기적으로 작용하는 최적화 모델이다. 자기 안에 있는 유형을 파악하지 않으면 해야 대서양을 가로지르는 고래가 아니라, 어항의 금붕어로 자랄 수 있다.

6. 대기업 회장이 자녀들을 대치동에 보내지 않는 이유

◆ 정말 자녀를 공부만 잘하는 아이로 키우고 싶은가?

이제는 스펙만 좋다고 해서 절대 성공할 수 없다. 정말 대학만 잘가면 성공 할 수 있다고 생각하는가? 이제 대학 가는 것이 중요한 시대가 아니다. 세계경제포럼의 연구 결과에 따르면 대졸 지식의 40%가 쓸모없는 지식이 된다고 한다.

나는 '내 아이 대학 잘 보내는 방법'을 알려주기 위해서 이 글을 쓰는 것이 아니다. 내가 원하고 관심 있는 분야가 있으면 스스로 습득할 수 있도록 시도하고, 성과를 내는 방법을 알려주기 위해서 이 글을 썼다. 패러다임이 바뀌었다는 사실을 인정하고 생각을 바꿔야 한다. 그럼 자녀 시대는 부모 세대와 어떻게 달라지는가?

내 아이를 '공부 잘하는 문제 풀이 인간'으로 키울지, 자신의 '인생 문제를 잘 풀어가는 인생 천재'로 키울 것인지에 대한 선택이 필요한 시점이다.

◆ 나는 어떤 아이를 키우고 싶은가?

성을 쌓고 사는 자는 반드시 망할 것이며 끊임없이 이동하는 자만
이 살아남을 것이다.

- 톤유쿠크 -

가치의 대전환이 필요하다. 어떻게 사느냐가 중요하다. 지금 교육
은 기능을 키워내는 '무엇(WHAT)'을 하고 살아갈 것인가에 대한
중점을 두고 있다. 그것은 교육의 궁극적인 목표가 아니다. '어떻게
(HOW)' 살아가느냐가 중요하다. 인생을 살아가는 힘 즉 '멘탈 키우
는 방법'이 중요한 핵심이다.

자녀들이 10대 때 스스로 방법을 찾고, 학습해보는 과정 그리고 부
모의 절대적 지지를 받아보는 것은 아주 중요하다. 인생 초기에 10
대에 이런 경험은 좋은 대학에 가는 것 이상으로 무언가를 할 수 있
는 사람으로 성장시킨다. 자신만의 최적화된 인생 모델을 만들어 갈
수 있다.

나는 이 모델을 아들에게 적용했다. 아들 스스로 학교와 학과를 선
택하고, 책도 쓰고, 다이어트도 했다. 공대생인 아들에게 책 쓰는 것
을 권했을 때, '나도 할 수 있다.'라는 자신감, 책 쓰는 공부, 부모의
지지 등의 삼박자가 맞아떨어져 20대 초반에 책을 내고 작가가 되었

다. 그리고 식이조절과 운동을 하면서 다이어트도 했다.

이제는 자신이 마음먹으면 무슨 일이든 할 수 있는 청년이 되었다. 자신을 바라보는 관점의 메타인지, 학습법, 부모 역할의 옵티마 모델을 실천했기 때문에.

◆ 실패를 두려워하지 않는 아이

성공은 최종적인 게 아니며 실패는 치명적인 게 아니다.
중요한 것은 지속하고자 하는 용기다.

– 윈스턴 처칠 –

어떤 부모가 될 것인가? 어떻게 해야 아이의 인생을 성공시킬 수 있을까? 나는 물고기를 주는 부모가 아니라 물고기 잡는 법을 알려주는 부모가 되고 싶다. 가정은 작은 사회다. 가정 안에서 자신이 괜찮은 사람이라는 경험을 해야 한다. 그래야 진짜 사회에 나가면 '문제 풀이 인재'가 아니라 실패를 두려워하지 않는 용기 있는 '문제해결 인재'로 성장할 수 있다. 이런 지지받는 경험의 시작은 가정에서 시작되어야 한다.

10대 때 이런 경험 없이 20대로 가는 것은 인생에서 아주 큰 차이를 만든다.

나는 28년 차 상담심리전문가이다. 정신과에서 수련 받았던 내가 상담을 본격적으로 시작하게 된 드라마틱한 동기가 있다. 아들에 대한 죄책감이 끈질기게 나를 올가미로 메고 있게 된 계기이기도 하다. 아들이 3살이 되던 그해 여름, 가족여행을 갔다. 여행 중 갑자기 아들이 말했다.

"엄마가 저기서 떨어져 죽었으면 좋겠다!"
혼자 벼랑 끝에 선 기분이었다. 어떤 말을 하든, 무슨 행동을 하든, 그 순간의 내 감정을 진정시킬 수 없었다. 그러면서 방법을 찾았고, 상담에 한 걸음 다가가게 되었으며 아이와 나의 험난한 여정도 시작됐다.

지금 우리는 매일 저녁 식탁에서 하루의 마무리 대화를 나눈다. 대화가 잘 통하는 유대감이 좋은 사이가 되었다. 아들은 '엄마와의 관계는 100명 중 첫 번째'라는 말을 공공연하게 한다. 사춘기 아이에게 필요한 건 좋은 부모와의 관계이다. 갈등이 없어야 공부하는 것을 두려워하지 않는 '동기'와 '열망'이 생긴다. 부모의 '실패해도 괜찮다.', '실수할 수 있다.'라는 격려와 응원이 두려움 없는 자신감을 만든다.

◆ 공부 한계, 인생 한계를 뛰어넘는 비결은 최적화 옵티마 이론

마음가짐(Mindset)이 모든 것을 결정짓는다. 내 아이의 폭풍 같은 마음을 진정시킬만한 위로 단어를 발견하자. 고3 때 아들의 멘탈을 지켜주는 마법의 단어는 '괜찮다.'이다. 대학생이 된 지금도 엄마가 해주는 "괜찮아!"라는 말을 들으면 흔들리는 멘탈이 진정된다고 말한다.

아이들은 어릴수록 자신의 감정을 적절하게 표현하기 힘들다. 이때 엄마가 그 감정을 읽어주고 표현하는 경험을 많이 한 아이일수록 이해받고 사랑받는 감정을 느낀다. 내 아이에게 인생의 위로가 되는 말을 세심히 살펴보면 어떨까?

"너는 어떻게 책을 쓰는 것도, 다이어트를 하는 것도 그렇게 쉽게 할 수 있었니?"라고 아들에게 물었다. "평소 생각하던 일인데 엄마가 제안했고, 할 수 있다고 판단했을 뿐이에요."라며 편안하게 대답했다. '내가 할 수 있는 것인지를 확인한다.', '방법을 안다면 용기를 낸다.', '엄마가 지지하고 믿고 인정한다.'의 세 가지가 조합되니 어떤 걸 하든지 성과를 낼 수 있었다.

사교육을 통해서 양산된 근성과 저력이 부족한 인 공산 영재가 대치의 한계이다. SKY대학을 들어갔지만 스스로 공부하고 역경을 이겨 낼 힘이 부족하다. 스스로가 할 수 있다는 믿음을 가진 용기 있는 사람, 실수를 좀 해도 털고 일어나는 용기를 가진 아이를 키우고 싶지 않은가? 이젠 내 아이에게 최적화 모델을 적용하여 인생 천재로 키워야 하지 않겠는가?

2

옵티마 모델,
상위 1%의 비밀

2장.
옵티마 모델,
상위 1%의 비밀

1. 상위 1%는 옵티마 모델에 목숨을 건다

'최적화(Optimization)'

최적화는 '허용된 자원의 한계 내에서 주어진 요구사항을 만족시키면서 최선의 결과를 얻는 과정'이라는 의미의 단어이다. 제2차 세계대전 이후에는 산업 군사 행정 등의 여러 조직에 적극적으로 활용되기 시작하여 생활에 많은 변화를 가져왔다. 최근에는 경영이나 마케팅 그리고 경제뿐만 아니라 모든 분야에 있어서 최적화된 방법으로 문제를 해결한다.

가장 이상적 최적화는 최상의 알고리즘을 찾아낸다. 여기서 우리는 아이들을 위한 최적화된 학습 방법을 찾아내야 한다. 내 아이를 위한 '학습 최적화 알고리즘'을 찾는 것. 그것이 우리가 시작해야 할 중요 과제이다.

◆ 맞춤형 학습의 한계

주입식 교육은 1950년대에 산업사회의 수요를 위해 생겨났다. 많은 학생을 획일화시키고, 모범 시민으로 훈련 시켰지만, 개성이 없어졌다. 아이들이 '똑똑한 바보'가 되었다. 이를 개선하기 위해 1986년 처음 맞춤형 학습이 도입되었다. 잠재 능력을 최대한 발휘될 수 있도록, 학생 개개인의 학습 능력, 요구, 학습 동기, 흥미 등에 맞추어져 설계되었다.

진정한 맞춤형 학습은 내 아이의 특성을 진단하고 성적, 동기, 흥미를 파악하는 것이다. 성장단계에 맞는 집중적이고 특색 있는 학습으로 잠재력을 최대로 발휘시킨다. 하지만 이러한 변화에도 불구하고 한국 교육제도는 여전히 전 세계 어느 국가보다도 심각한 주입식 교육 체제를 고수하고 있어 문제의 양상이 심각하다.

우리 아이들이 미래를 살아갈 인공지능, 빅데이터 등으로 대표되는 4차 산업혁명 시대에는 사람이 굳이 지식을 외울 필요가 없다. 신성철 카이스트 총장은 "하나의 문제를 해결하기 위해 서로 다른 학문을 융합시키고 창의적으로 해법을 제시하는 능력이 필요하다."라며 "기존에 중요했던 암기력이나 이해력 중심 교육은 더 이상 새로운 시대에 적합하지 않을 수 있다."라고 말한다. 교육제도의 변화는 사회와 역사의 변화에 함께 나아가야 하는 시기가 있다. 그렇다면 이젠 어떤 변화가 있어야 할까?

주입식 교육의 한계와 맞춤형 교육은 창의적인 인재를 길러내지 못하고, 균열이 생기기 시작하면서 한계에 봉착했다. 코로나19로 인해 대면 수업이 원격수업으로 대체되고 맞춤형 학습에 균열이 생기기 시작했다. 가정에서 학습하는 일수가 증가함에 따라 부모의 사회경제적 배경과 사교육 수혜 차이는 격차가 더 심각하게 벌어지고 있다. 이제 새로운 패러다임이 필요하다. 그게 바로 '최적화 학습법'이다.

◆ 옵티마 모델(Optima Model)

새로운 시대가 열리는 교육의 전환점에 있는 우리 아이들에게 제공되어야 할 모델이 무엇일까? 대치동에서 성과를 나타내는 사람들의 공통점인 '최적화 모델'의 발견이다. 최적화 모델이야말로 지금 시대의 새로운 변화이다. 학습 패러다임의 선봉 역할을 하는 대치동 상위

1% 학습에 대한 지식뿐 아니라 부모역할의 비법을 제공한다. 공부를 잘하는 멘탈이 강한 아이는 곧 자신의 인생도 잘 만들 수 있는 자녀성장모델이다. 나는 이 방법의 공통점을 집약했다. 성공적으로 아이들을 키워낸 대치동의 최적화된 학습모델을 발견했고, 그것을 모델로 만들었다. 그것은 바로 '옵티마 모델'이다.

옵티마 모델은 메타인지, 학습유형, 부모 역할로 구성된다.

* 옵티마 모델의 구성

첫째, 나를 들여다보는 힘, 메타인지

아이가 주체적으로 자신의 장점, 단점, 키워야 하는 점, 노력할 점을 파악하는 힘

둘째, 메타인지를 활용하는 단계 즉 나만의 학습유형의 정립

내가 잘하는 방법적인 면에서 전략과 컨트롤

셋째, 지지자로서 부모 역할 즉 상위 1% 자녀를 둔 부모는 대화법

부모의 역할은 무엇보다 '아이의 존재감'을 키워주는 역할

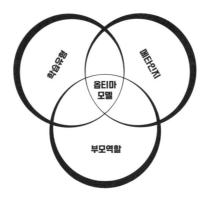

    옵티마 모델은 자신을 온전히 믿고, 자신을 신뢰하는 마음을 가지는 것이 핵심이다. 셀프 컨설팅의 메타인지, 자신만의 공부법, 부모님의 사랑이 기반 되어 힘들 때 받쳐주는 힘으로 함께 나아갈 때 옵티마 모델로 진입한다.

◆ 기존 학습 틀을 깨부수는 새로운 학습 패러다임

SKY(서울대, 고대, 연대) 혹은 인서울(서울권 대학 진학)을 하려면 강남 특히 대치동으로 가야 한다고 말한다. 이러한 보도를 접할 때마다, 강남 혹은 대치동이 아닌 학부모들은 내가 아이에게 좋은 환경을 마련해주지 못해서 아이가 좋은 대학에 가지 못한 것 같은 죄스러운 마음이 든다. 많은 사람이 생각하는 것과 달리 사교육은 수능을 잘 보는 진짜 실력을 키우는 정답이 아니다. 올림픽에서도 최적화된 컨디션과 환경들이 모여서 최상의 퍼포먼스가 나온다. 결국, 내 아이를 위한 학습의 모든 문제를 해결할 답은 옵티마 모델이다.

90년대에는 보편화된 학습이 존재했고, 지금까지 개인에 맞는 맞춤형 학습이 있었다. 맞춤형 학습은 진정한 의미의 개별적인 특징을 제공하고 아이들의 성향과 특징들을 세밀하게 살피는 데 한계를 느끼고 있다. 변화하고 있는 사고의 틀을 메꾸어 주고, 해결할 수 있는 최적화 모델이 필요한 것이다. 이젠 확실한 변화가 필요한 시기다. 새로운 무언가로 변화 대체되어야 한다.

1900년대는 주입식 교육, 2000년대는 맞춤형 교육, 이제는 어떤 교육일까? 지금 이 시대는 최적화 교육 옵티마 모델을 원하고 있다. 이제 그 근거를 제시해보겠다.

2. 운명을 과학적으로 바꾸는 방법 (메타인지)

비상교육의 설문 조사에 따르면 초등학교 학부모 83%가 '메타인지는 자녀 학습에 도움이 될 것이다.'라고 응답했다. 이 책을 읽는 부모라면 메타인지라는 말을 들어보았을 것이다. 아이 스스로 아는 것과 모르는 것이 무엇인지 정확히 구분한 결과를 바탕으로 모르는 것을 채워나가는 것이 메타인지 학습법이다. 하지만 어떻게 자녀가 메타인지를 키워야 하는 걸까? '그것이 가장 큰 문제다.'라는 생각이 들 것이다. 메타인지를 키워 운명을 바꿀 방법은 어떤 것이 있을까?.

◆ 메타인지의 대가들

김밥 파는 CEO 김승호 회장의 신화를 아는가? 김승호 회장은 사장을 가르치는 사장, 이른바 CEO 메이커로 활약하는 사람이다. 매장의 비효율적인 공간을 바꿔서 요리하는 과정을 고객들이 볼 수 있게 하고 김밥의 진열을 효율적으로 바꾸었다. 한 달도 채 지나지 않아서 전 매장 매출이 1만 달러를 훌쩍 넘어섰다. 김승호 회장은 신뢰를 얻고, 무일푼이던 그는 훗날 회사를 전체 인수하게 된다. 목표 설정과 계획수립, 실질적인 행동 전반의 문제점을 파악한 메타인지를 활용한 대표적인 사례이다.

일론 머스크는 전 세계의 0.01%만이 익힌 사고법의 비밀 '논리 제1
원칙'으로 자신만의 메타인지를 설명한다. 21세기의 살아있는 전설,
아이언맨의 실존 인물로도 불리는 현존하는 전설이다. 그는 20대에
페이팔을 1조 5천억 원에 매각하고 최초의 민간 우주선 회사 스페이
스X를 설립, 전기자동차 회사 테슬라의 대표이자 태양에너지 회사
솔라시티 AI와 뇌를 연결하는 뉴럴링크의 회장이다.

도대체 어떻게 이 엄청난 것들을 어떻게 다 해낼 수 있는 것일까?
일론 머스크는 자신이 화성에 이미 도착했고 돌아다니는 것을 상상
했다. 그 결과 전기차가 필요했고 배터리의 구성요소를 결합했을 때
비용까지 고려했다. 자신의 메타인지를 활용해서 끊임없는 계획과
실행, 조정, 평가의 과정을 거쳤다. 그 결과 자신만의 독특한 방법을
찾고 영감을 발전시켜 간 대표적 메타인지가 높은 활용자이다.

메타인지는 사실 모든 사람이 가지고 있는 능력이다. 그것을 끌어
내느냐 못 끌어내느냐에 따라서 달라진다. 메타인지의 좋은 활용자
들은 자신이 가진 프레임을 깬 사람이다. 내가 무슨 생각을 하는지,
무엇을 알고 무엇을 모르는지에 대한 훈련을 지속할 때 메타인지가
발전 성장한다. 이러한 환경에 살면서, 끌어낼 수 있는 대화가 매우
중요하다.

◆ 내 아이를 제2의 일론 머스크처럼

　일론 머스크는 어떻게 메타인지 관점을 가지게 되었을까? 그는 물리학에서 영감을 얻는다고 말한다. 평범한 관점에서 벗어나 색다른 시각을 가지고 추론하는 사람이다. 어떤 일을 할 때 가장 기초적인 사실부터 분해한다. 알고 있는 사실에서 유추해나가는 것과는 반대로 사물을 보는 독특한 시각을 가지고 있다. 이런 비범한 관점은 최첨단의 메타인지를 최적화로 사용하는 비범한 과정이다.

　내 아이의 메타인지를 높이는 구체적인 방법이 궁금하지 않은가? 일론 머스크는 요리사와 쉐프를 비교하여 설명한다. 쉐프는 자신만의 레시피를 개발하는 사람이고, 요리사는 셰프의 레시피를 따르는 사람이다.

"부모님이 공부해야 성공한다. 지금 잘사는 사람들을 보면 다 공부를 열심히 했다."와 같은 추론방식은 요리사의 사고방식이다. 쉐프는 공부에 대해 정의부터 한다. 내가 어떤 것을 하고자 하는지에 대한 자신만의 기준을 만든다. 공부는 세상에 이미 존재하는 지식을 내 뇌에 이해하고 기억시키는 과정이다. 간단한 생각실험으로 우리는 메타인지를 경험할 수 있고 하나씩만 연습할 수 있다.

◆ AI 로봇을 능가하는 메타인지

메타인지는 인공지능이 대체 불가능한 사람만이 할 수 있는 인지 능력이다. 2018년 AI 로봇 소피아의 시연회에서 소피아는 다음과 같은 질문을 받았다. "불이 난 곳에 노인과 아이가 있다면 누구를 먼저 구하겠는가?" 이에 대해 소피아는 "나는 아직 윤리적 결정을 내릴 수 있는 수준이 아닙니다."라고 답했다. 본인이 모르는 것을 모른다고 빠르게 판단한 것이다. 특정 범위를 벗어난 내용은 모른다는 판단을 프로그래밍할 수 있다. 하지만 소피아가 인터뷰를 마치고 돌아가는 차 안에서 '노인과 아이' 딜레마에 대해 곱씹고 본인만의 관점을 세우고자 노력하는 모습은 상상하기 어렵다. 반면 대부분 사람은 '아까 이렇게 답 했었으면 좋지 않았을까.'라며 상황을 복기하고, 추후 비슷한 상황에 어떻게 대처할지 생각한다.

이제는 점점 의사, 변호사, 회계사 등 고도의 지적 노동도 인공지능 로봇에게 빼앗기게 될 것이다. 인간에게 남은 것은 무엇이고 인간의 가치는 어디에 있는가? 감정이 노동하는 '고위인지'인 메타인지, 즉 '자기성찰'만이 인간에게 남은 특별하고 유일한 인지활동이다.

메타인지는 기술이 아무리 발달해도 AI가 따라 하기 힘든 인간 고유의 영역이다. 차별화된 학습역량을 키우려면 문제가 무엇인지 파악하고 더 나은 답변을 위해 평가, 계획, 모니터링 하는 행동은 메타인지가 작용하는 필수과정이다. 메타인지와 더불어 혼잡한 전체 속에서 원리를 꿰뚫어 끌어낼 수 있는 통찰력, 인공지능을 바르게 사용할 수 있게 하는 도덕성과 따뜻한 마음이 필수적으로 요구되는 시대다. 메타인지는 지금 우리 아이들이 살아갈 시대의 새로운 성장 동력이다. 이제 사람만이 가질 수 있는 메타인지의 세계로 진입해야만 한다.

3. 가능성을 끌어내는 옵티마 모델의 비밀(학습유형)

◆ 같은 시간을 공부해도 결과가 다른 이유

전 세계에서 가장 취득하기 어려운 자격증이 무엇인지 아는가? 바로 '마스터 소믈리에'이다. 노벨 물리학상 수상자보다 적고 우주 공간에 다녀온 사람들의 수보다 적은 인원이다. 마스터 소믈리에 자격증을 따는 것보다 나사(NASA)의 로켓 과학자가 되기가 더 쉽다. 전세계에서 157명밖에 안 되는 이 자격증을 딸 방법, 그것은 바로 자신에게 맞는 '개인화 학습전략'을 짜는 것이다.

◆ 시끄러운 학습유형으로 성공

영화 '더 킹'에서 조인성은 상점에서 가전제품을 훔치는 건달 양아치 아버지를 둔 목포 싸움꾼 출신이다. 고3이 되던 해, 아버지가 한 주먹도 안 되는 검사에게 싹싹 비는 모습을 보고 장래 희망을 검사로 정한 후 난생처음으로 공부라는 걸 한다.

그는 자신이 시끄러운 곳에서만 공부가 잘되는 특이한 체질이란 걸 깨닫고 광적인 집중력을 보였다. 고3 2학기 때 전교 1등을 하면서 서울대학교 법학과에 입학하고 검사가 된다.

자신이 가진 강점 활용이 핵심 요소이다. 시끄러운 환경에서 강점을 발휘한다는 다소 기발한 상상을 연결해서 시험에 합격할 수 있었다. 누구나 하는 일반적 방법이 아닌 본인의 강점을 활용해서 전략을 세웠고, 결과는 성공적이었다. 자신만의 장점을 발견해서 '자신의 전략'을 활용해서 쉽게 합격할 수 있었다. 만약 처음부터 본인만의 강점을 찾고, 각자에게 맞는 전략을 세운다면 훨씬 더 빠르게 내가 잘하는 학습유형을 찾을 수 있다.

◆ 내가 잘하는 방법개발 (유형별 학습 방법)

"나는 내가 잘하는 방식이 있다." 내신 7등급에 1등급으로 올라갈 수 있었던 경일이는 '나는 강사처럼'의 학습 방법이다. 시각형 공부법에 강한 자신만의 장점을 잘 살렸다. 보고 아는 것을 강의하듯 말과 행동으로 강의하면서 성적이 올랐다. 자신에게 맞는 습관과 방법을 만들었다. 습관으로 만들면서 자신만의 최적화된 방법을 찾았다. 자신이 잘하는 것이 무엇인지 알고 장점을 부각하여 성적을 올린 메타인지 학습유형 개발자이다.

배우 정은표의 아들 지웅이는 올해 서울대에 입학했다. 힙합을 하고 싶고 래퍼의 꿈을 키우는 지웅이의 공부법은 '음악은 내 친구'의 학습 방법이다. 공부하다가 랩 연습도 하고, 가사도 쓴다. 노래를 듣고 부르면서 스트레스를 풀고 공부를 더 열심히 한다. 누구나가 책상에 앉아서 잘하는 유형도 있겠지만 자신이 좋아하는 음악을 유리한 전략의 학습법 개발자다.

학습엔 최고의 방법이란 없음을 깨달아야 한다. 대신 자기에게 맞는 최고의 방법만 있음을 기억하라. 이젠 자신이 어떤 학습유형에 가까운지 파악할 필요가 있다. 그게 쌓이고 쌓이면 자신만의 학습 '최적 지점'을 찾을 수 있다.

◆ 김태희 가면을 쓰면 김태희가 되는 것일까?

내 외모가 마음에 안 든다고 김태희 가면을 쓰면 김태희가 될까? 외모가 다른 만큼 공부하는 방식도 서로 달라야 한다. 그러나 많은 사람이 성공한 사람들의 학습법을 따라 하는 것이 현실이다. 자신만의 학습유형을 찾아야 한다. 개인의 특성을 무시한 채 획일적인 학습유형에 대한 정보만으로 내 아이에게 접근하면 학습자의 학습을 비효율적으로 만든다. 학습에 대한 흥미가 떨어지고 자신을 부정적으로 인식할 수도 있다.

서울대 의예과 수석입학자인 2019학번 김규민 군은 공부에는 왕도가 있지 않고 정도만이 존재한다고 말했다. 농구선수가 되고 싶었던 그는 작은 키로 하고 싶었던 운동을 접었다. 하지만 작은 키를 커버하려고 윗몸 일으키기를 하루에 200개, 까치발로 온종일 걸어 다녔던 그 절실함을 무의식적으로 상상하면 그림을 그렸다. 그 노력을 공부에 대입했다. 학습을 자신이 상상하는 그림으로 만드는 자신만의 정도를 충분히 학습한 유형이다.

학습에 최고의 비법은 없다. 자신에게 맞는 최고의 방법만이 있을 뿐이다. 내가 어떤 학습유형에 가까운지 파악해보자. 나는 어떤 유형일까? '분석가형/외교형/관리자형/탐험가형'인지, '인지형/시각형/청각형/운동형'인지 분석하자. 나를 알고 정확한 지점의 결합을 하면 더 효과적인 최적화된 학습에 도달한다. 그 핵심은 '내가 잘하는 것'을 확인했으면 지속해 보는 것이다. 그 시간을 잘 견딜 수 있어야 내가 잘할 수 있다는 믿음이 생긴다. 자신감이라는 힘이 생길 때까지 해보자. 가능성을 끌어내는 비밀은 개인화 학습전략이다.

4. 최상위권을 후천적으로 따라잡는 방법(부모 역할)

◆ 대화로 시작하는 부모 역할

"엄마 오늘 학교에서 무슨 일이 있었는지 알아요? 진짜 속상해요!"
며칠 전, 아들과 대화를 나누었다. 아들은 고민을 이야기했고 나도
편하게 들어주며 대화를 이어갔다. 혹시 당신에게는 이런 일상이 익
숙한가? 아니면 낯설고 어색한가?

대구 수성구 경북고등학교에서 주최하는 '가족사랑 디베이트 어울
마당'이라는 행사에 따르면 아버지 3명 중 1명은 자녀와 대화가 부
족하다고 느끼고, 청소년 5명 중 1명은 엄마, 아빠가 자신을 이해하
지 못한다고 느낀다. 문제의 원인 1위는 가족 간 '대화시간 부족'이
35%, 2위는 '부모의 일방적인 소통(26%)', 3위는 '세대 차이(23%)'
로 나타났다. 대화의 부족은 서로를 신뢰하지 못해 불화를 만들고,
점점 이기적으로 서로에게 등을 돌리게 되는 상황을 만든다. "가족
은 어떤 모습으로 변해야 하나?"라는 질문에 대한 대답은 배려와 이
해, 서로의 입장에 대한 경청이다.

◆ 자녀와의 관계는 몇 등이나 될까?

엄마는 왜 우리 아이만의 양육 철학을 가져야 하는가? 아이가 행복하게 공부할 수 있는 환경과 마인드를 준비하는 눈이 철학이다!

---

* 내 자녀를 위한 양육 철학

첫째, 아이의 성격에 따라 맞는 공부법과 양육법을 인정

둘째, 남과 비교하며 느끼는 죄책감을 배제

셋째, 두 가지를 다른 사람을 통한 만족이 아닌 자신만의

질문과 정답 제공

공부는 아이 스스로 하는 것이다. 하지만 아이가 공부를 잘하는데 엄마의 기여도는 반드시 존재한다. 그중 제일은 아이와의 관계 회복 대화법이다.

"우리 관계는 100명 중 어디쯤 되니?"라는 질문에 1초의 망설임도 없이 "1,000명 중에도 1번이지!"

아들과의 대화다. "내 주위에는 엄마처럼 함께 이야기하는 친구들을 못 봤으니까. 아마 그럴걸요!" 나는 마음이 뿌듯하면서도 다행이라는 마음이 들었다. 아들과 나는 대화를 많이 나눈다. 하루의 일상을 이야기하고, 또 서로를 지지하고 격려한다. 바뀌려고 노력 많이

한 엄마로 아들에게 인정받았다. 지금도 힘들 때 따뜻하게 안아주고 이해받는 보너스를 받고 있다.

입시 현장에서 자주 접하는 스토리가 하나 있다. 중학교 저학년까지 엄마의 계획대로 잘 따르던 아이가 어느 순간 엄마와 갈등을 일으켜서 최소 4~5년, 길게는 7~8년 이상 공들였던 시간이 무너지는 일이다. 그런 아이들에겐 공통점이 있다. 입시를 설계하는 시기에 아이의 의견이 전혀 반영되지 않은 채 모든 것이 부모의 계획에서 시작되고 진행됐다는 점이다.

100% 완벽한 교육 정보와 입시 노하우는 세상에 존재하지 않는다. 아이와 부모와의 친밀한 대화가 필요하다.

◆ 엄마는 컨설턴트

엄마는 내 아이에 대해 가장 잘 아는 컨설턴트다. 서울대 의대를 보낸 엄마가 처음부터 자기 자식에 대해 객관적으로 잘 알 수 있었을까? '내 아들은 서울대 갈 녀석이야.' 이런 생각으로 시작했을까? 아니다. 드라마에서처럼 처음부터 서울대 의대를 목표로 공부하고 계획한 건 아닐 것이다. 아이와 엄마로서 서로 노력하다 보니 서울대 의대를 갈 수 있었다. 과연 서울대만 해당하는 것일까?

서울대 의대 20학번 서준이는 말했다.

"우리는 서로 믿고 의지했습니다. 부모와 자녀는 서로 의지할 수 있는 관계가 되어야 한다고 생각합니다. 대학에 와서 만난 친구들은 대부분 고등학교 때 굉장히 많은 시간을 공부에 쏟았고, 그러다 보니 친구들과 이야기를 나누고 스트레스를 풀 시간이 부족했다고 합니다. 저를 포함한 많은 친구는 그 갈증과 스트레스를 부모님과 대화로 풀면서 그 힘든 수험생활을 버텨냈습니다. 아울러 부모님도 저를 믿고 의지했기 때문에 더 힘을 낼 수 있었습니다."

상담을 20년 넘게 하면서 느낀 것이 있다. 부모에게 이해받고 수용받는 경험은 일생의 최초이자 최고의 경험이다. 부모는 자녀 인생의 전략가다. 부모는 내 자녀에게 최적의 옵티마 전문가로서, 전략가로서 거듭나야 한다. 한 분야에서 크게 성공한 이들을 보면서 공통점을 발견할 수 있다. 옵티마 이론이다. 즉, 최적화 이론을 바탕으로 우리 아이에게 적용하자.

◆ 가장 엘레강트한 여자 나의 어머니

유독 여러 분야에서 성공하는 사람들의 부모 역할은 따로 있다. 내아이에게 맞는 최고의 부모는 있다. 그물망 공부법의 조승연은 '우리

어머니는 세상에서 가장 엘레강트한 여자다.'라고 정의했다. 아나운서 출신의 대화 전문가이다. 공감의 대화, 아들을 믿어주고, 아들의 편에 섰던 점이 조승연이 성장할 수 있는 밑거름이다.

아들 편에서 생각하고 공감하려는 태도가 시작이다. 아들의 인생을 자기 자신과는 완전히 분리하여 별개로 봤기 때문에 가능했다. 독립된 한 인격체로 바라보고, 이야기를 귀담아들어 주는 친한 친구 같다. 아들에게 잔소리, 강요, 집착, 욕심은 없고 그저 아들을 응원하고 무한지지 한다. 무엇보다 좋아하는 것을 관찰하고 파악하여 내 아이를 위한 전략가다운 남다른 교육철학을 가지고 있다.

조승연 어머니는 공감 스피치 전문가이다. 보통 어머니들과는 다른 반응을 보였다. 예를 들어, 이탈리아 여자친구와 이별하여 오랫동안 힘들어했을 때도 이별 여행을 할 수 있도록 격려해주었다. 여자친구와 사귀는 당시에는 아들이 복무 중인 군대에 일주일에 한 번씩 찾아가서 연애편지를 받아서 우체통에 대신 넣어주었다고 한다. 보통 어머니였으면 가능했을까? 이런 정서적 깊은 유대감으로 인해 조승연에게는 최고의 엄마라는 인식이 생겼다. 사랑이 고픈 사람들은 세상이 두려워 나가기 힘들다. 그 단단한 바닥을 부모가 만들어 주어야 아이는 힘을 가지고 우뚝 설 수 있다.

5. 대치동, 숨겨졌던 진짜 속 모습을 공개합니다

자신이 해야 할 일을 결정하는 사람은 세상에서 단 한 사람 오직 나 자신뿐이다.

- 오손 웰스 -

◆ 옵티마 알고리즘

가장 강력한 최적화는 최상의 알고리즘을 찾는 것이다. 자동으로 최적화를 하는 프로그램을 '옵티마이저'라고 부른다. 부모는 최상의 옵티마이저를 잘 적용해야 내 아이를 최적화로 안내할 수 있다.

＊대치동 옵티마이저: 최상위권의 비밀
첫째, 높은 메타인지 시각
둘째, 메타인지 관점의 고유한 학습유형
셋째, 메타인지가 키워질 수 있도록 하는 부모라는 환경적 요인

대치동에 가지 않고도 대치동 마인드를 가지고 대치동 옵티마이저로 다시 태어날 수 있다. 우리 집을 대치동으로 변화시키는 최적화 알고리즘을 적용하면 된다. 최상위권 비밀의 제일 큰 차이점은 첫째,

자기 자신을 바라보는 시각, 즉 높은 메타인지 시각이다. 둘째, 메타인지의 관점으로 자신만의 학습유형을 확고하게 만들었다. 셋째, 메타인지가 키워질 수 있도록 하는 부모라는 환경적 요인들이 있었다. 메타인지와 학습유형 그리고 부모라는 요소들은 우리 아이를 최상위권으로 만들 수 있는 중요한 요소이다.

◆ 학군도 뛰어넘는 강력한 공부의 힘

옵티마 모델은 재산도 학벌도, 학군도 뛰어넘는 강력한 공부의 힘을 발휘한다. 경제적 조건이나 여력이 된다면 대치동으로 가면 좋다. 그렇지 않다면 대치동의 학부모나 학생보다 더 옵티마 이론으로 대치동의 성공한 그들의 방법으로 최적화를 시키자. 이 방법을 하나씩 실천하면 분명히 해답을 찾고 최적의 상태로 올라갈 수 있다.

아이의 성적은 상위권으로 갈수록 변화하는 속도가 빨라진다. 지금도 늦지 않다. 지금 시작하면 된다. 학생은 물론 부모들의 삶도 빠르게 변한다. 특히 옵티마 이론은 부모가 먼저 실행하면서 삶을 바꾼다면 더 효과적이다. 아이에게 부모는 세상에서 제일 처음 만나는 스승으로 생각하고 부모의 행동을 모델링 하게 된다. 그곳이 어디든 학군을 뛰어넘는, 대치동으로 변화시킬 수 있는 강력한 방법이 될 것이다.

대치동의 최상위권 아이들이 이미 하고 있는 옵티마 모델은 인생천재가 될 수 있는 지름길이다. 진정한 공부의 왕도는 없다. 이전의 역사에서 현재의 방향을 세워가듯 이미 잘하고 있고 성공적인 삶을 사는 대치동 교육을 접목하자. 대치동이 아니라면 더더욱 옵티마 모델을 실천하자. 최상위권이 되기 전에 최상위권 마인드 알고리즘을 만들어야 한다. 그럼 삶이 바뀌는 경험을 하게 될 것이다.

◆ 옵티마 모델의 실행자

이미 옵티마 모델로 성공한 사례의 서울대 의대에 입학한 사례이다. 경호는 서울의대 2018년 의대 합격자다.

---

* 서울대 의대 옵티마 실행자

첫째, 메타인지의 관점의 자신의 약점을 파악한 수학학원의
전략적 선택

둘째, 학습유형의 관점의 자신의 장점을 부각으로 잘하는 것을
더 잘하도록 세팅

자신의 장점은 꾸준하고 성실하게 루틴을 지키는 시간의 중요성
을 잘 활용

셋째, 부모 역할의 관점의 "재밌어? 할만해?"등의 질문으로 격려와 지지

최적화의 방법들을 의논하고 아이의 방향성을 계속 논의하면서 좋은 결과를 만들어냈다.

'불수능'이었던 2019년도 수학능력시험에서 학원, 과외 없이 현역 고등학생으로 전 과목 만점을 받고 서울대 의대 정시전형에 수석으로 합격한 김지명 학생의 사례이다.

* 서울대 의대 수석 옵티마 실행자

첫째, 메타인지 관점의 최선책은 인강
초등학교 때 발병한 급성 림프구성 백혈병으로 최선의 방법 인강을 선택
둘째, 학습유형의 관점의 자신이 가진 장점인 성실과 꾸준함을 선택
집중력과 컨디션이 떨어질 때 책상에 앉아 있던 꾸준함이 큰 효과 발휘
셋째, 부모의 합리적 설명이 스스로를 통제하도록 제공
"엄마는 추어탕 팔아서 돈을 벌지만 네 직업은 학생이야."
"학생은 공부하는 게 직업이야."

"그냥은 없어. 학생은 공부해서 엄마한테 보여줘야 해."라는
말이 촉매역할

◆ 최상위권의 공통분모

　최상위권의 진짜 속 모습의 공통분모를 분명히 찾을 수 있다. 메타
인지, 학습유형, 지지자로서 부모의 영향 등 분명한 교집합 요소가
있다. 그리고 각자 자신에게 맞는 공부 방법을 적용하여 남들과는 차
별화된 요소도 있다. 공부법 중 자신에게 맞는 공부법이 분명히 있
고, 그것을 잘 찾아야 한다. 최상위권들의 최적화된 공부법을 알고
실천할 수 있는 그림을 그려보자.

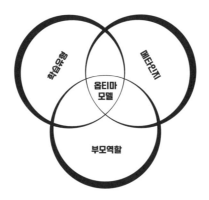

공부를 잘하는 아이로 키우려고 하지 말고 아이에게 생각하는 근육을 길러 주려 노력해야 한다. 아이의 생각을 묻고 아이와 많은 대화를 하고 왜 그런지에 대해 생각할 시간을 주는 것에 익숙해지면 아이는 생각할 줄 아는 능력을 갖추게 된다. 생각할 줄 아는 아이가 결국 학습의 필요성을 스스로 깨닫고, 능동적으로 원하는 길을 가기 위해 미래를 설계한다. 내 아이가 흔들림 없이 하기 바란다면 부모가 응원하며 그 길을 함께 가주자. 아이의 마음을 잘 읽는 엄마가 행복한 공부를 하는 환경과 마인드를 만들 가능성이 크다.

'대치동에 살면서 대치답게, 지방에 살면서 대치답게'

나는 최상위권의 모습을 알고 옵티마 이론을 실천할 수 있는 학생들과 부모들에게 도움이 되고자 한다. 그들이 공부 때문에 좌절하고 실망하지 않기를 바란다. 10대는 공부를 시작으로 자신감과 멘탈이 성장한다. 옵티마 모델의 적용으로 성공 멘탈의 서막을 올리자. 자신에게 최상의 알고리즘을 찾는 것, 그것이 진짜 대치동의 속 모습이다.

6. 우리 아이, 시험 천재가 아닌 인생 천재로 키우려면

엄마가 되기 위한 나의 노력에 대해 내가 받을 수 있었던 가장 달콤한 보상은 내 아이들의 사랑 존경, 그리고 자신감이었습니다.

- 〈작은 아씨들 중에서〉 -

'그물망 공부법'에서는 예술적 안목, 감수성, 호기심, 깊은 사고력과 통찰력 등을 언급한다. 이러한 역량은 아이가 어릴 때부터 무엇을 보고, 무엇을 생각하는지 가르치면서 길러진다고 한다. 자식의 그물망 공부법은 '부모가 아이에게 무엇을 보여주는가?' 그리고, '무엇을 느끼게 해주었는가?'로부터 시작된다는 것을 강조한다.

◆ 성공한 부모는 메타인지가 좋은 부모이다

세상에는 천재들이 참 많다. 학문적인 성과를 나타내는 천재도 있고, 예술이나 문학에서 천재성을 보이기도 한다. 그런데 세계의 거대한 기업을 이뤄낸 사람들은 또 다른 방식의 천재라는 생각이 든다. 그 사람들을 보고 있으면 그냥 타고난 재능인가? 아니면 뭔가 다른 성공의 비법 같은 것이 있는지 궁금하다. 그들은 자기 분야의 정상에 오르고, 독창적인 성공 노하우를 가지고 있다. 세계적인 석학, 작가,

최고의 혁신 기업을 세운 창업가와 CEO, 협상가, 슈퍼리치, 아티스트, 전문직 종사자들을 키운 부모를 주목하지 않을 수 없다.

다음은 여성동아에 소개된 아들 세 명을 모두 서울대에 보낸 가수 이적의 엄마 박혜란의 교육법이다.

"공부하라는 잔소리 안 한 것, 그건 지금도 좋았다고 해요."

"자유로운 자아를 만들어줬다나. 아이들이 하는 말이 근사해요."

"아이들이 어릴 때 주로 거실에 상을 펴놓고 일하면, 녀석들이 슬슬 다가와서 말을 건네요."

"그럼 귀찮다고 생각하지 않고, 시험공부 할 시간에 쓸데없는 생각을 한다고 타박하지도 않고, 어른 대하듯 이야기를 들어줬어요."

"갑자기 외롭다고 하면 학교에서 무슨 일이 있었냐고 덜컥 겁부터 내는 게 아니라 "외롭지? 엄마도 외로워"하면서 말벗이 되어 주었어요."

"아이들도 자신의 골치 아팠던 일이 별것 아닌 듯 위로를 받았던 것 같아요."

메타인지가 좋은 부모는 메타인지가 좋은 자녀로 키운다. 박혜란 씨는 자녀를 한 사람으로 존중하고 배려했다. 말벗이 되어주고 서로 위로받는 존재가 되었다. 이런 가정에서 자라는 자녀는 걱정이 아닌 즐거움으로 삶을 채울 수 있다. 인생의 나머지 시간도 그렇게 채워질 것이다. 이 책이 당신 삶의 작은 변화를 주면 좋겠다. 작지만 지혜로 운 성공을 거둔 인생 선배들의 비법은 다름 아닌 부모의 통찰이 가득 한 큰 창고. 메타인지 마인드다.

◆ 감정의 소통이 안정감을 만든다

감정소통의 경험은 안정감을 제공한다. '감정'이라는 말은 참 어색 하고 어렵기만 하다. 훈련이 필요하다. 훈련의 첫 시작은 감정을 알 아차리는 것이다. 순간순간 일어나는 내 감정으로 혼란스럽고 속상 할 때 감정에 이름을 붙여보자. '감정 일기'는 간단하게 내 감정 알아 차리기 습관을 만든다. 온전히 자신의 감정을 이해하고 다른 사람의 감정도 이해하는 소통하는 힘을 발휘한다. 부모가 자신의 감정을 알 아차리면 아이의 감정도 보살필 힘이 생긴다. 감정을 알아주는 것만 으로도 이해받는다는 신기한 경험을 해보자.

자녀를 키우는 부모의 두려움, 불안 그리고 좌절감은 두려워할 감 정이 아닌, 감사해야 할 감정이다. 다른 사람이 되려고 하지 마라. 그 런 자신의 감정을 받아들이고 이해하자. 당신이 무엇을 원하든 진정 한 모습만으로 늘 충분하다. 자신의 감정을 충분히 이해하고 인정하 기 시작하면 정서적으로 안정된다. 지금 시작하자. 하루 더한다고 혹은 하루 덜 한다고 티도 안 나는 지루한 일을 묵묵히 견디며 매일 반복해보는 거다. 그런 사람들이 결국 그 누구도 따라갈 수 없는 위대한 부모가 된다. 정말 하기 힘들지만 견디고 시도하는 것. 끝을 알 수 없어도 그래도 해야 하는 것이 삶의 습관이 되고 내공이 된다. 그래서 부모는 위대한 사람이다.

◆ 행복한 아이를 키우는 부모

내 아이의 미래를 머릿속으로 시각화하여 그려보자. 그 그림의 중심에 내 아이가 있다. 부모의 관점이 시험 천재가 아닌 인생 천재로의 변화가 필요한 시점이다. 중심에 있는 내 아이를 위해 무엇을 제공할 수 있을지 잠시 생각해보자. 무엇을 제공하기 전에 아이와의 관계의 선을 점검해야 한다. 아이와 대화가 필수조건이다. 충분히 넘치는 사랑이 있는 사람만이 자신의 건강한 뿌리를 만든다. 어떤 일을 하든, 어떤 상황이 되든, 건강한 뿌리로 다시 꽃을 피울 수 있게 하는 것이다. 부모의 넘치는 사랑과 지지 그리고 존중의 마음이 내 아이를 위한 인생 천재로 키우는 토양이다.

내 자녀를 단순히 시험을 잘 치고, 좋은 대학을 나오는 시험 천재로 키우고 싶은가? 아니면 인생을 스스로 아름답게 살아갈 힘 있는 인생 천재로 키우고 싶은가? 삶의 궁극적인 목적은 무엇이고 그 목표를 향해서 나아갈 수 있는 최적의 방법은 무엇일까? 이런 방법을 알 수만 있다면, 더 나아가 가르칠 수만 있다면 자녀를 위해 어떤 방법과 수단을 동원해서라고 내 아이에게 유산으로 남길 것이다.

우리는 우리 자녀의 인생이 어떻게 될 것인지 과정을 그릴 수 있다. 내 자녀의 삶을 누구보다 잘 그려 낼 수 있는 사람은 바로 당신이다. 내가 내 자녀에게 하는 행동과 말 그리고 사고가 내 자녀를 만들고 있다면 어떤 마음이 드는가? 내 자녀를 인생 천재로 키우는 건 생각보다 긴 여정이다. 하지만 옵티마 모델을 적용하다 보면 조금씩 선명해질 것이다.

옵티마 모델은 시험 천재가 아닌 인생 천재로 가는 비밀의 문이다.

3

뇌를 입체적으로 사용하는 방법

: 메타인지

3장.
뇌를 입체적으로 사용하는 방법
: 메타인지

1. 내가 하는 노력에 의심이 들 때, 이것부터 확인해라

◆ 아무리 공부해도 성적이 안 오른다면?

메타인지부터 잡아라. 같은 시간 같은 노력을 해도 성적이 다른 이유는 뭘까? 타고난 머리 때문이라고? 전혀 아니라고 할 순 없겠지만, '꼭 그렇지 않다.'라고 확실히 얘기할 수 있다. 학년이 올라갈수록 공부 잘하는 친구들을 보았을 것이다. 그들은 공부하는 내용이 무엇인지 알고, 자신이 잘 아는 것과 모르는 것이 무엇인지 알고 있다.

호기심은 탐구하는 마음을 일으킨다. 공부를 효과적으로 잘하는 친구들의 특별한 능력은 '메타인지 능력'이다. 미국 명문대, 특히 하버드대에서는 메타인지 능력을 키우는 훈련을 따로 한다. 훈련의 첫걸음은 실수에서 배우는 것이다. 실수를 확인하는 과정에서 스스로 학습효과가 향상되기 때문이다. 실수를 두려워하지 않는 건강한 마음이 메타인지 개발의 시작이다.

◆ 나의 내면 상태와 행동을 모니터링하는 알고리즘

메타인지 능력은 공부하는 아이들에게 꼭 필요하다. 메타인지 능력을 키우면 아이의 특성에 맞춘 공부 방법을 찾을 수 있다. 아이는 자신이 공부하려는 것이 무엇인지 스스로 발견해야 '공부의 힘'이 생긴다. 이러한 메타인지 능력을 키울 때 배움에서 즐거움을 찾고, 공부에 대한 자신감이 생긴다. 더 이상 책상에 앉아서 무의미하게 시간을 보내지 않고, 즐겁게 공부하는 모습을 발견할 수 있을 것이다.

메타인지를 통해 지금 나에게 필요한 것이 무엇인지 찾아보자. 가장 효율적인 방법이 무엇인지 파악해 자신만의 학습 방법을 찾는 것이 성공 학습의 관건이다. 메타인지가 바로 뇌과학이 설명하는 최고의 학습법이다.

'메타인지(Metacognition)'란 인지과정에 대해 인지하는 능력을 뜻한다. 즉, 자신이 무엇을 알고 모르는지, 자기 행동이 어떤 결과를 불러올지 아는 능력이다. 자신의 인지과정에 대해 한 차원 높은 시각에서 관찰하고, 발견하며, 통제하는 정신 작용을 의미하는 '초인지(超認知)'이다. 전문가들은 할 수 있는 것과 할 수 없는 것, 현실적인 것과 비현실적인 것, 필요한 것과 필요 없는 것을 구분하는 힘이라고 말한다. 더 나아가 자신의 학습 방법을 스스로 모니터링하는 과정, 생각에 관한 생각, 인식 넘어 인식, 내면세계의 인지 능력, 자기관찰(Self-observation) 능력, 자신을 객관적으로 볼 수 있는 능력 등으로 설명할 수 있다. 심리학적으로 보면 마치 자기 분석을 잘하는 분석가와 같다.

메타인지는 과학적 방법인 객관적 심리검사로 도움 받을 수 있다. 전문가의 도움으로 시작하는 방법이다. 셀프방법론은 스스로 묻고 답하기다. 본격적인 학습에 들어가기 전에 자신이 기억하고 있는 틀을 활성화하고 질문을 만들어 보자. 논리적인 방법을 찾는 과정에서 자신만의 개념 구조가 형성된다. 이를 통해 얻은 지식은 오래 유지되고 복잡한 문제를 해결하는 데 유용하다. 질문을 통해 학습 내용의 핵심을 파악하고, 지식을 적용한 뒤, 이를 통합하는 과정을 거쳐 비판적인 학습에 도달할 수 있다. 마치 컴퓨터가 기계어 수행을 알고리즘을 통해 완성하는 것과 같다.

◆ 메타인지의 시작은 마음 읽기 기술

메타인지가 높아야 공부를 더 잘할 수 있다. 메타인지는 유전과 후천적 개발 모두 작용하는 것으로 알려졌다. 많은 학자는 메타인지를 높일 기회를 많이 얻느냐에 따라 발달하기도, 퇴보하기도 한다고 설명한다. 자신을 알아가는 데 제일 중요한 것은 '내 안의 나'를 인지하는 것이다. 내가 무엇을 잘하는지, 무엇을 좋아하는지, 무엇을 원하는지, 내 마음을 읽고 객관적으로 마주하는 훈련을 해야 한다.

메타인지는 부모가 먼저 아이 마음을 말로 표현해주는 것부터가 시작이다. 아이는 자신의 마음을 표현하는 데 미숙하다. 부모가 아이의 마음을 이해하고 그 감정을 표현하면, 아이는 자신의 마음을 알게 된다. 타인에게 이해받고 인정받고, 격려받기 시작하면 파급효과는 엄청나다. 이해받고 인정받는 아이는 자신을 이해하고 수용한다. 자신을 주체적으로 바라보는 메타인지가 급성장한다.

내면의 힘 있는 아이는 메타인지를 잘 활용한다. 자기주도학습의 권위자인 송인섭 숙명여대 교육심리학과 교수는 우등생과 열등생의 메타인지 사용을 비교했다. 우등생은 공부하며, 끊임없이 계획과 실행, 조정, 평가의 과정을 거치면서 자기만의 학습 방법을 찾고 발전시킨다. 반면 열등생은 메타인지를 좀처럼 쓰지 않는다. 모르는 것도 그냥 넘어가 버리고 문제에 부딪혔을 때도 문제의 원인을 찾기보다는 즉흥적으로 해결한다. 이렇게 한 해, 두 해가 지나면 자신이 무엇을 모르는지조차 알 수 없는 상태가 된다. 이처럼 메타인지를 사용하느냐 마느냐에 따라 아이의 자기 주도적 학습의 성공 여부가 달라진다.

◆ 학습성과로 이어지는 메타인지력,
　후천적으로 키울 수 있다

학습에서 메타인지의 역할은 매우 크다. 자신의 현 상태를 정확히 파악하는 것은 학습의 효율성을 높이는 데 아주 중요하기 때문이다. 학습에서만 메타인지가 중요한 것이 아니다. 평소 생활에서도 남다른 모습을 보인다. 아이들은 관계 속에서 문제해결 경험이 중요하다.

한 부류는 결과를 보고 반성적 사고를 통해 자신의 태도와 행동을 고쳐가는 그룹이고, 다른 한 부류는 결과를 분석하지 않고 다른 사람과 상황 탓으로 마무리하는 그룹이다. 후자의 경우 원인을 다른 곳에서 찾기 때문에 결과에 대한 감정적인 반응만 하고 상황을 바꾸기 위한 노력은 하지 않는다. 메타인지가 좋은 아이는 결과를 자세히 분석하고 원인을 자신에게서 찾는다.

아이들은 인간관계에서 시도와 피드백을 반복한다. 이를 통해서 사회 적응 능력과 융통성이 발달하게 된다. 시행착오를 통해서 내 행동에 따라 결과가 변할 수 있다는 것을 배운다. 자신의 상황을 객관화할 수 있는 가장 쉽고 효과적인 방법이 있다. 그것은 말과 글로 표현해 보는 것이다. 말과 글로 표현해 보면 머릿속에 생각들이 구체화된다. 지속적인 훈련을 하면 학습뿐만 아니라 생활 전반의 인지 체계 변화가 가능하다. 메타인지는 성적뿐 아니라 행동적인 면까지 '주도적 성장 가능 형'이라고 말할 수 있다.

메타인지의 활성화는 자기 조절력이 뛰어난 아이로 성장시킨다. 자신을 스스로 컨트롤 할 수 있다는 믿음과 경험을 가진 아이들은 무엇이든 도전하는 데 자신감이 있다. 아이를 '1등처럼' 또는 '누구처럼' 키우는 것은 아니다. 부모는 아이의 경쟁상대가 어제의 자신보다 발전하도록 응원해주는 존재이다. 이를 통해 아이가 내가 괜찮은 사람이라는 것을 깨우치고 내 방식대로 꿈을 이루도록 길을 활짝 열어 주는 것이다.

2. 모르겠다면 5분 동안 친구에게 설명해라

　세계적인 행동과학연구소의 NTL(MIT 대학)에서 학습효과 피라미드(공부하고 24시간이 지난 후 학습효과 비율을 나타낸 것)이라는 통계자료를 제시했다. '어떤 학습법을 했을 때 가장 효과가 좋았는가?'라는 질문에서 공부법들 중에 최근 가장 '핫한 공부법' 바로 '설명하기'였다.

2021.05.20 매일경제

　NTL에서 MIT 학생들을 대상으로 실시된 '어떤 학습이 가장 효과가 좋은가?' 설문 조사에 따르면 강의 듣기는 5%, 읽기는 10%, 시청각 수업은 20%, 시범이나 현장 견학은 30%였다. 집단토론은 50%, 직접 해보는 것은 75%, 다른 사람을 가르치는 것, 즉 설명하기가 90%로 가장 높았다.

◆ 메타인지 작동방식의 뇌과학적 측면을 활용하라

　왜 '설명하기'가 좋을까? 뇌 과학 관점에서 봤을 때 설명하기의 원형은 말하기다. 동물과 사람의 큰 차이는 인두의 위치이다. 동물들은 높은 위치에, 사람은 긴 모양을 하면서도 낮은 곳에 자리하고 있다.

이런 인간만의 특성이 다양한 소리를 낼 수 있게 진화시켰다.

우리 좌뇌에는 언어를 담당하는 특별한 영역이 있다. 언어이해의 '베르니케 영역'과 말 유창성의 '브로카영역'이다. 설명하기는 말하기 능력의 브로카영역과 아주 관련이 깊다. 우리가 평소에 공부하듯이 글을 눈으로만 읽는다면 브로카영역은 활성화되지 않는다. 읽고 이해하는 건 언어를 이해하는 뇌 영역만으로 충분하기 때문이다. 하지만 당신이 오늘 이해한 것을 말로 설명한다면 그때부터 브로카영역은 활성화되기 시작한다.

공부할 때 '브로카영역'이 활성화되면 어떤 효과가 있을까? 글을 소리 내서 읽다 보면 어떤 부분이 어색한지 찾아내기 쉽다. 말을 시도하면서 자연스럽게 활성화되고 보정되면서 사용하는 어휘를 문장에 맞게 자연스럽게 배치하게 된다. 즉 글을 작성하는 것보다 말하면서 글을 작성하면 좀 더 문법에 맞고 읽기 자연스러운 문장을 만들 수 있다. 많은 언어 전문가들이 말을 직접 해보는 것이 아주 중요하다고 얘기한다.

자연스럽게 메타인지를 작동시키는 '말하기 공부법'을 효과적으로 적용해보는 것은 어떨까?

◆ 설명하기 공부법의 세 가지 선물
: 성공의 답은 나에게 있다

성공의 답은 바로 설명하기(가르치기)다. 어떻게 하면 될까? 아주 쉽다. 나에게 또는 다른 대상에게 직접 설명하면 된다. 마치 내가 유명한 강사나 선생님이 된 것처럼 말이다. 이런 설명하기 공부법은 앞에서 브로카영역이 활성화되었을 때의 장점을 그대로 가지고 있으면서 추가적인 장점이 있다.

----

* 설명하기 공부법의 세 가지 선물

첫째, 기억력의 향상

둘째, 뛰어난 통찰력의 향상

셋째, 문제를 쉽게 파악하는 능력

첫째, 엄청난 기억력이다. 말하기 공부법은 미국 행동과학연구소(NTL)의 통계자료에서 보고 하듯 90% 이상 기억력의 향상을 선물한다. 우리 기억력에 큰 역할을 담당하고 있는 해마는 단기기억을 장기기억으로 넘길 때와 상황이 유사하다. 어느 장소의 기억이 강렬했다면 그 장소, 그때의 상황이 생생하게 기억날 것이다. 그래서 설명하는 것은 기억력 향상에 큰 도움을 준다. 즉 떠올리기 위해 애쓰는 나의 모습과 구체적으로 사용한 핵심 단어 모두가 기억력 향상에 도

움을 준다.

둘째, 뛰어난 통찰력을 제공한다. 우리가 잘 설명한다는 것은 내가 상대방에게 이해하기 쉽게 가르친다는 것이다. 먼저 설명할 때 이해에 방해되는 정보가 걸러진다. 상대방의 수준에 맞추어서 쉽게 설명하기 위해 정보를 요약하고 지식의 경험을 연결한다. 이런 인지 활동은 뇌가 매우 활성화되도록 한다. 그로 인해 통찰력도 높아진다. 누구에게 설명하다가 갑자기 내가 깨닫게 되는 상황이 그런 경우다.

셋째, 높아진 통찰로 문제를 쉽게 파악하는 능력까지 덤으로 얻는다. 유명한 일타강사처럼 가르치기 위해 설명하다 보면 말도 점점 더 잘해지고 기억력, 통찰력까지 좋아지는 장점을 덤으로 얻는다. 그렇다면 설명하기는 언제 사용하면 좋을까? 선생님이 되어 실제 내가 수업을 하는 것처럼 자신에게 꾸준히 질문하는 연습을 하면 된다. 자신의 의견을 표현하고 질문하고 답하는 과정을 거친 뒤의 내 모습을 상상해보자.

◆ 설명하기 공부법의 진짜 활용 방법: 표현하는 것이다

이제는 실천해보는 시간이다. 준비되었는가?

---

* 메타인지 실천 준비

첫째, 공부의 흔적, 필기, 줄 그은 것을 나에게 설명해보자.

습관이 되면 자기 전에 나에게 설명하는 것이 가능해진다.

둘째, 시험 직전 상황에서 책의 목록 또는 마인드맵을 보면서

나에게 설명하자.

이해가 잘 안될 경우, 모르는 부분을 녹음해서 여유 시간에

반복해서 듣는다.

셋째, 생활 속에서 설명하는 경험이 중요하다.

익숙함이 유명한 일타강사 못지않은 실력을 소유하는 계기가

된다.

공부의 왕도 프로그램에 소개된 1등을 놓치지 않는 여학생은 자신의 방에 전신거울 4개와 화이트보드가 걸려있다. 그날 공부하고 이해되지 않았던 문제를 마지막으로 거울을 보면서 설명한다. 막히는 것이 없을 때까지 설명하는 공부법을 실천한다. 이해를 완벽하게 했는지 스스로 말로 설명해야 알 수 있다. 눈으로만 또는 머리로만 이해하다 보면 논리적으로 막힐 때가 많다. 그래서 설명하기 공부법이

중요하다.

설명하는 공부법이 주는 선물 외에도 말하는 기술과 자신 있게 말하는 과정에서 심리적인 자신감을 가지는 장점도 있다. 당신은 이미 전문가이며 자신을 누구보다 잘 아는 통찰력이 있는 사람이다. 나보다 나를 더 잘 가르치는 사람은 없다. 나에게 설명하는 멋진 경험을 내 공부로 바꿔보는 작은 성공 경험을 가져보자.

3. '나는 여기까지야' 라는 생각에 빠지는 이유

진짜 문제는 사람들의 마음이다. 그것은 절대로 물리학이나 윤리학의 문제가 아니다.

– 아인슈타인 –

분명히 해야 할 일이 있음에도 불구하고 불안은 쉽게 사라지지 않는다. 지나친 걱정과 불안 때문에 일이 손에 잡히지 않고 생각의 늪에 빠지는 사람들이 많다. 불안을 줄이고, 자신감을 높이며, 앞으로 목표한 것도 이룰 수 있다면 어떨까?

보통 불안과 두려움은 그 감정을 느끼는 것에서 끝나지 않는다. 우리가 목표한 것에 집중하지 못하게 하거나 일상을 무기력하게 만들기까지 한다. 이런 불확실한 상황을 맞서고 견디기 위해서는 감수성을 높여야 한다, 불확실한 것은 불확실한 것으로, 두려움은 두려움 그대로 받아들여야 한다. 감정의 핵심을 찾아가려는 노력이야말로 요즘같이 불확실의 시대를 살아가기 위한 답이다. 그것은 자기 자신을 바로 보는 통찰의 힘, 메타인지 '감수성 개발'이다.

◆ 감정인식 능력을 개발하라

성공한 사람들을 살펴보면 어떤 행동을 잘해서 성공했다고 말할 수도 있지만, 방해 요소를 알고 그것을 잘 끊어냈다. 일단 게임을 시작하고 몰두하다 보면, 중간에 끊기 힘들다. 하지만 스스로 조절 가능한 사람이 있다. 그 능력은 자라온 환경이나 가치관이 결정한다. 욕구와 감정을 억누르고 의사결정과 가치판단 그리고 감정조절 등의 역할을 할 수 있다는 것은 이미 남과 차별화된 능력이다.

우리가 느끼는 1차 감정이 있다면 사회적으로 용인되는 2차 반응으로의 변환도 있다. 1차 감정을 멈출 수 없다는 것은 곧 자신을 제어하기 힘들다는 개념이다. 감정 컨트롤을 잘하는 사람은 내가 좋아하는 것을 하더라도 언제든지 그것을 끊어낼 수 있는 제어 능력이 발휘된다. 이 능력을 키우는 방법은 지금 떠오르는 나의 감정을 언어로 표현하는 연습이다. 감정과 생각을 언어화하는 과정은, 자신이 생각한 것을 명확하게 객관화시키는 언어 표현법이다. 다른 사람의 소리가 아니라 자신 내면의 소리를 듣는 감정인식 훈련이 필요하다.

사고의 틀은 감정적, 이성적, 합리적 경험들로 훈련되고 만들어진다. 자신의 감정을 객관적으로 표현하는 언어는 우리의 생각을 견인하는 역할이다. 말은 생각이 되고, 행동이 된다고 했다. 당신은 목표한 것이 있고, 이루고 싶은 것이 있다. 그렇다면 객관적인 이성의 목소리에 귀를 기울여 보라. 내 생각과 감정을 언어로 표현하는 훈련으로 자신의 능력을 개발할 때이다.

◆ 나의 한계를 인정하는 것부터 시작

진정한 자신을 알아가는 방법은 무엇일까? 내 한계를 인정하는 게 시작이다. 내가 스스로 어떻게 생각하는지에 따라 결과는 달라진다. 나는 이 일을 통해 나중에 무엇을 얻게 될 것인지, 이일은 무엇을 목표로 하는지, 왜 그 목표를 지향하는지, 목표를 달성한다면 어떤 결과를 얻는지? 스스로 명확히 근거를 알아야 한다. 내가 '미래'를 어떻게 인지하고 평가하는지, 즉 내가 자신에게 무엇을 기대하는지 생각해보자. 하나씩 하나씩 해보면 된다. 내가 잘하고 못하는 것을 인정하는 것이 시작이다.

아들이 고등학교 삼학년 때 3월 첫 모의고사를 치고 오는 날이다. 집에 들어오면서 불편한 얼굴이다. 성적을 받고 실망한 얼굴이 역력했다.
"아들 얼굴이 너무 안 좋아! 괜찮아?"
"첫 모의고사 성적이 너무 안 나와서 어떻게 해야 할지 모르겠어요."

"많이 실망스러웠구나! 불안하고 걱정스러울 것 같아! 고3, 3월 모의고사에서 스트레스받는 건 당연해. 너 자신을 믿어. 넌 뒷심이 좋아서 끝까지 마음만 먹으면 누구보다 잘할 수 있어. 지금도 늦지 않았단다."

"정말 그럴까요?"

"그럼. 하지만 현재의 너에게 변화는 있어야 하지 않을까? 공부하는데 제일 큰 방해물이 뭔지 생각해보면 좋겠네."

자신의 한계를 알아야 변화가 시작된다. 아들은 큰 비닐을 들고 와서 방에 있던 컴퓨터를 창고에 넣고 오며, 웃어 보였다. "아예 하지 않는다는 건 아니에요. 시험 치고 한 번씩은 할 거예요." 하지만 지금은 내가 결정하고 공부에 매진하겠다는 결연한 의지는 수능이 마무리될 때까지 이어졌다. 스스로 내 문제가 무엇인지 인정하고 스스로 선택하는 힘의 작용이다. 아들은 자신의 문제와 한계를 인정하면서부터 원동력이 생겼다. 서로에 대한 신뢰감이 돈독해졌다. 수능에 어떤 결과가 나오더라고 아들을 지지하고 믿는 마음이 커졌다.

◆ 나 자신을 알아가는 것이 답

자신을 어떻게 인식하고 있을까? 일상의 루틴을 통해 상황과 감정을 통제하고 공부에 몰입할 수 있다. 우리는 반복되는 일과를 통해 내일을 예측할 수 있다. 예측은 우리의 불안과 두려움을 낮춘다. 우리 뇌는 이런 상황을 통제할 수 있다고 판단되면 감정을 조절할 수 있게 된다. 이런 불안과 두려움이 없어지기 시작하면 하고 싶은 일들이 생기기 시작한다. 내 미래를 예측하고 상황을 통제할 수 있다. 이런 믿음이 생기면 벌어질 일도 해낼 수 있다는 기대가 생긴다. 즉 나 자신을 예측하고 알아갈 수 있는 기대가 높아진다.

워런 버핏은 3달러의 맥 모닝을 먹는 일과를 약 50년 동안 이어왔다. 이처럼 성공한 사람들의 일과는 무척이나 구체적이고 간단한 반복이다. 간단한 일상의 반복은 정해진 게 없다. 흔들리지 않고 끝까지 계속하게 만드는 힘은 간단한 루틴이다. 우리가 살아가는 오늘의 세상은 정해진 것이 없고, 그래서 불확실성이 가득하다. 우리는 여기서 어떤 답을 찾고 살아가야 할까. 자신이 정한 루틴을 깨지 않고 매일 매일을 시작하고 생활하는 습관이 자신을 만든다.

'내가 나에게 일어나는 일에 대해 어떻게 느끼는가?'
타인이 나를 어떻게 보는가보다 내가 나를 어떻게 보는가로 삶의 질이 결정된다. 그리고 무엇을 하든 긍정 경험을 많이 가져야 한다. 성공의 답은 내 안에 있다. 자기 자신을 알고 이해하는 것은 자기 자신으로 살 수 있는 교훈이다. 내면의 목소리가 진정한 자기 목소리라고 믿는다면 결국은 그 목소리에 끌려갈 것이다. 내가 나에게 어떻게 할 때 가장 시너지를 발휘하는지 자신의 목소리에 귀 기울이자.

4. 성격척도 : 정서적 안정성부터 확보하라

고난의 시기에 동요하지 않는 것, 이것은 진정 칭찬받을 만한 뛰어난 인물의 증거다.

－ 베토벤 －

◆ 정서적 안정은 성장의 핵심

정서적 안정 없이 성공적인 학습 능력을 발휘하는 것은 사실상 불가능하다. 정서적 안정은 아이들의 발달과 성장의 핵심이다. 그 어떤 경우라도 정서적 안정 없이는 학습과 발달, 합리적인 판단은 이루어지지 않는다.

정서적 정보를 주지 않으면 이성적 인지와 판단은 불가능할 뿐 아니라 쉽게 왜곡된다. 어떠한 경우라도 정서적 안정성은 먼저 달성되어야 하는 문제다. 이성적 판단은 감정의 정보를 통합하고 조율하면서 가능하다. 그래서 감정이 없으면 이성도 없다는 말이 있다. 정서적 안정감을 바탕으로 아이들은 자신이 원하고 호기심을 느끼는 것에 몰두하고 스스로 성장시킨다.

◆ 감성지능의 개발을 활성화하라

우리가 감정에서 벗어나지 못하는 이유는 무엇일까? 사람은 스트레스를 받을 때 혼란스럽고 집중할 수 없다. 의식하든 못하든 감정지능 영향력은 아주 크기에, 감정에 휩싸여 쉽게 헤어나지 못하는 것은 매우 당연하다.

가령 어려운 결정을 할 때 감정이 풍부해지는 것은 현명한 판단을 내리기 위해 꼭 필요한 조건이다. 감정적으로 안정되지 못하면 이런 복잡한 상황에 짓눌리게 된다. 감정 속에서 자신의 핵심 감정을 잘 알아차리기만 해도 이성적일 수 있다. 감정을 느끼고 언어로 표현해야 감정에서 제대로 벗어날 수 있는 감성지능이 활성화된다.

정서적 안정성은 내 감정에 대한 이해와 공감을 받을 때 시작된다. ADHD 증상이 걱정되었던 7세 슬비는 지능이 높고 특히 언어지능의 강점을 가진 아동이다. 항상 불안하고 우울감이 높았다. 감정카드로 자신의 마음을 알아가고, 감정을 표현하면서, 엄마는 아이의 마음을 몰랐다며 통곡했다. 부모가 함께 마음을 알아준다고 여기면 이것만으로도 안정감도 느끼고 부모와 친밀해진다. 아이의 감성지능도 개발된다. 정서를 느끼고 이해하고 표현하고 활용하는 것만으로 정서적 안정감이 생성된다. 자신의 감정을 읽고 표현하는 능력은 부모와 환경에서 자연스럽게 만들어진다.

뇌 과학의 발달로 인간에게 감정의 중요성이 새롭게 부각 되고 있다. 다양성과 창의성을 강조하는 시대 변화 탓에 감성지능이 새롭게 조명되고 있기도 하다. 미래의 인재는 자신의 감정을 인식하고 해석하고 표현하고 활용할 줄 아는 아이들이 만들어 갈 것이다. 이런 능력이 이성적 판단을 풍부하게 할 뿐만 아니라 감정과 충동 조절 능력과 자기 동기부여 능력, 공감 능력, 사회적 능력으로 확장되기 때문이다. 감성지능 학습이 자기 인식과 통찰의 세계로 안내하는 새로운 패러다임으로의 안내자 역할을 할 것이다.

◆ 우리를 지배하는 구체적 감정의 정체들

우리가 잠자고 있는 의식하지 못하는 사이에 감정적 반응은 일어나고 있다. 어렴풋이 느끼지만, 구체적으로 설명하기 힘들고, 영향을 받고 있지만 인식하기 힘든 느낌들이 있다. 인식하지 못하는 감정과 기억들로 인해 혼란스러운 경험이 생긴다. 감정에 지배당하고 있다는 증거이다. 그것을 알아차리기 전에 그 큰 감정의 소용돌이에 휩싸인다면, 막연한 불안감의 위기에 놓일 수 있다.

부산의 일반고를 졸업한 한결이는 인생의 첫 관문인 입시를 성공적으로 이끌었다. 고3 때 중앙대, 재수 때 성균관대, 삼수는 연대에 합격하는 기염을 토했다.

"입시를 거듭할수록 더 좋은 성과를 낸 비결이 있나요?"

"아빠는 제가 힘들 때 언제든 대기조처럼 저를 도와주었어요."

"힘들 땐 쉬라고 보내는 신호다. 아빠를 잘 이용해라. 함께 쉬고 충전해야지 된다."라고 말해주는 아빠가 있어 멘탈이 흔들리는 상황에서도 빨리 회복되었다.

안정성은 대인관계와 사회생활에서 적응지표가 되는 성격적 특성이다. 최초의 시작은 가족에서 형성된다. 안정성은 정서적 평형상태를 유지하려는 경향을 의미한다. 물리적 정서적 환경의 변화에도 바뀌지 않는 일정한 상태를 유지하는 성질이다. 안정성이 깨지고 평정점에서 벗어나면 원래의 상태로 되돌아가려는 힘이 작용한다. 이때 갈등과 잡념이 생겨서 공부에 집중하기가 힘들다. 안정성은 집을 짓는 기초공사와 같다. 내 아이의 성공적인 학습성과에는 안정적인 정서가 지표로 작용한다.

◆ 결국에는 정서적 안정감이 버팀목이다

정서적 안정감은 성장에만 집중할 수 있는 버팀목이다. 가정은 그런 환경을 제공하는 대신 자녀는 공부에 몰입하는 결과물을 준다.

청소년 상담에서 아이의 의견이 반영되는지 눈여겨본다. 아이들의 공부 능력과 상관관계 등으로 많은 것이 예측 가능하다. 정서적인 부분이 깨어져 있으면 두뇌는 우수한데 역량을 발휘하지 못한다. 자신의 감정을 표현해도 수용하는 분위기에서 성장한 아이들은 심리적으로 편안한 상태가 안정적 상태이다.

우리의 뇌는 긍정적 기억보다 부정적 기억을 더 잘 기억하고 끄집어낸다. 상담 현장에서 만난 내담자들은 부정적이고 힘들었던 기억에서 한 발자국도 못 나가고 갇혀 있을 경우가 많다. 바로 내 아이를 한번 살펴보자. 공부에 집중하지 못하고 잡념이 많은 상황이라면 공부에 몰입하기 힘들다. 아이의 표정에서 감정의 상태가 느껴질 것이다. 이런 부정적 정서 상태를 먼저 처리하는 게 중요하다.

정서적 안정감의 해법은 생각보다 간단하다. 첫째, 내 감정을 느끼고 표현하자. 둘째, 그 감정을 인정하고 수용하는 뇌로 만들어야 한다. 이는 곧 감정의 정보를 받아 감정을 잘 활용하고 자연스럽게 만드는 것이다. 이때 부모가 해야 하는 게 있다. 자녀가 자신의 감정에 함몰되는 것이 아니라 거리를 두고 바라볼 수 있도록 배려해야한다. 자녀의 감정표현을 들어주고 물어보고, 표현할 수 있는 시간을 가지자.

"너의 마음은 어떠니?"

5. 심리척도 : 학습에 대한 주도권을 쟁취하라

절대 포기하지 말라. 당신이 되고 싶은 무언가가 있다면, 그에 대해 자부심을 품어라. 당신 자신에게 기회를 주어라. 스스로가 형편없다고 생각하지 말라. 그래 봐야 아무것도 얻을 것이 없다. 인생은 그렇게 살아야 한다.

– 마이크 맥라렌 –

◆ 자녀가 스스로 결정할 수 있게 도와주세요

사람은 주도적 자기 결정권을 발휘할 때 성취감을 느끼고 자존감이 높아진다. 부모가 우선권을 가지고 아이를 통제하는 건 아이와의 소통을 단절시키는 이유가 된다. 어느 학원에 다니고 싶은지, 도전해 보고 싶은 것은 무엇인지 스스로 생각하고 결정하게 만들어야 한다.

부모의 의사결정이 높은 지역에서는 자신의 의지가 아니라 부모의 의지로 공부하고 있다. 중요한 건 아이들도 그렇게 생각하고 있다. 자신이 선택한 게 아니기에 의욕이 떨어지고, 하기 싫은 걸 억지로 하다 보면 좋은 성적이 나올 수 없다. 다그치면 아이는 반항심이 생긴다. 그러면 부모와 자녀 사이가 멀어질 수밖에 없는 악순환이 반복된다.

◆ 자기 능력을 합리적 긍정성으로 인지하는 방법

강력한 학습 동기는 자기 스스로 가치를 부여하는 것, 즉 메타인지에서 출발해야 한다. 한 가지 명심할 것은 현재 상태를 그대로 인정하는 것이 중요한 시작점이다. 한발 물러나서 다른 나를 바라보듯, 비행기 이착륙을 바라보고 지시하는 관제탑의 사령관처럼 상상해보라. 묘하게 나의 단점이 부끄럽지 않고 나를 객관적으로 바라보는 내 안의 힘을 경험할 것이다. 또 그 사실에 흥분될 것이다. 객관적이고 근거 있는 나에게 매몰되지 않는 방법으로 동기의 시작점을 찾아보자.

서울대를 보낸 엄마 손소영, 이경현은 자녀 양육 부분에서 합리적 관점의 접근을 시도했다. 부모부터 내 아이를 객관적으로 파악하고 인정했다. 여러 경로를 걸쳐 얻은 정보를 가지고 단단한 중심 잡기와 우리 아이에게 맞는 기준인지 판단했다. 그 근거를 바탕으로 아이 성격에 따라서 공부법과 양육을 달리했다. 먼저 자신을 객관적으로 파악하고, 스스로를 질문하고 응답할 수 있는 메타인지 양육태도이다.

부모부터 메타인지 관점을 가지고 아이를 키운다면? 아이 또한 이 관점을 가질 가능성이 크다. 자신의 학습에 주도권을 가진 행복한 학습자라고 할 수 있다. 자신에 대한 정확한 통찰과 이를 적용한 학습 방법, 그리고 부모님이라는 환경적인 세 가지 조건이 갖추어져 있어야 한다. 이 중 가장 큰 요인은 바로 당신 자신이다. 자신의 인생의 주도자가 된다는 것은 낯선 것, 익숙하지 않은 곳을 마주쳤을 때 그것을 자기 것으로 만들어 낼 수 있는 능력을 말한다. 결국, 단순히 학창 시절의 공부에만 국한 시켜서는 안 된다. 당신의 합리적이고 긍정성 도발이 없다면 아무런 큰 성공이 기다리지 않기 때문이다.

◆ 나는 나다울 때 제일 멋지다

의대생 시우는 나라는 사람을 정확하게 분석하면서 자신을 받아들였다. 처음에는 입시 실패의 원인을 자신에게 두지 않았다. 문제의 원인을 환경과 주변 사람에게서 찾았다. 하지만 삼수 때는 내 안의 잘못을 찾고 보완했다. 자신의 부족한 부분을 인정한 것이다.

작은 것부터 시작하고 성공 경험을 가지면서 자신감이 생겼다. 결정적 부분은 스스로 문제를 찾고 고민하면서 해결되었다. 성공한 사람들의 학습 방법을 배워 나가면서 자신의 방법으로 하나씩 만들었다. 합격 수기를 읽고는 큰 틀을 배웠다. 하나씩 자신에게 적용하면서 맞는 것을 찾았다. 주도적으로 나답게 적용하면서 멋짐을 발휘하였다.

나답게 살아가는 것, 그것은 객관적 자기평가의 시작이다. 자기 조절을 할 수 있는 메타인지가 높은 사람이 되기를 희망한다면 위축되지 말고 부끄러워하지 말아야 한다. 이미 나를 바라보는 객관적인 눈을 장착했으니 말이다. 가지지 못한 내 모습도 받아들였고 내가 가지고 있는 것을 극대화할 힘을 발견했지 않은가! 나에게 적용하기 전에 다시 한번 나의 모습을 시각화하고 발견하는 노력을 해야 한다.

나라는 사람을 과학적 근거하에 살펴볼 수 있는 도구가 심리척도이다. 우리의 심리상태를 바라보는 우울 조절력, 불안 조절력, 자기주장 능력, 생활 만족도, 대인관계 능력 등의 항목 등을 들 수 있다. 자신의 마음을 확인하는 것으로 자신을 좀 더 깊이 있게 알 수 있는 객관적 지표가 된다. 나는 어떤 걸 잘하고 있고, 장점이 있는지 다양하게 살펴보면서 나란 존재에 대해서 명확히 하는 메타인지의 세계로 접근할 수 있다.

◆ 당신은 여전할 것인가, 역전할 것인가?

중요한 것은 최초의 한 걸음이다. 한걸음이 어떠한지는 아주 중요하다. 시간이 흐르면서 그 결과는 상상하지 못할 정도이기 때문이다. 자기주도학습이란 학생이 스스로 문제집 풀고 교과서 정리하는 공부를 말하는 것이 아니다. 삶의 갑작스러운 변화나 시련에 부딪힐 때 '나는 왜 이 모양일까?', '내 삶은 어디서부터 잘못된 것일까?' 탓하기 전에 내 인생을 분석하고 과거에 얽매이지 않고 앞으로 나아갈 힘을 기르는 것을 의미한다. 주도적으로 자신만의 방법을 찾고, 삶에 대한 주도권을 회복하는 것이다.

지금도 선택의 갈림길에 서 있는 당신이다. 여전한 삶을 살아갈것인지, 역전하기 위한 삶을 살아갈것인지, 그 선택은 당신의 손에 달려있다. 바꾸고 싶다는 간절함, 이 바닥에서 일어나고 싶다는 간절함을 선택해야 한다. 매일, 매시간 결정을 내려야 할 순간이 찾아온다. 한 번의 경험이 강렬하다. 시작은 낯설고 어렵다. 그 결정이란 당신으로부터, 당신의 자아와 굴복할 것인가 이겨낼 것인가를 판가름하는 것이었다.

선택에 따라 나의 삶은 변화한다. 내 안의 마주하기 힘든 내 모습 속에서 어떤 선택을 할 것인지는 스스로 판단하고 결정해야 할 첫 결정이 다가오고 있다. 나를 객관적으로 바라보는 것을 통해서 여러분은 많은 변화를 경험했고, 앞으로도 더 객관화된 통찰을 만들어 그것을 발판으로 스스로 만들어 나가고 있을 것이다.

지금 하는 것을 계속한다면 지금과 달라지는 것이 없다. 한 단계 점프하려면 지금과는 다른 것을 해야 한다. 내 아이에게 주도권을 주면 역전할 수 있다. 힘을 발휘할 기회를 주자.

6. 적응척도 : 매일의 스트레스를 관리하라

행복은 습관이다, 그것을 몸에 지니라.

- 허버드 -

◆ 행복하고 긍정적인 삶을 가져다줄 마법은
    과연 존재할까?

　최근 하버드대를 비롯하여 아이비리그(Ivy League: 미국 북동부 지역의 8개 사립대학으로 미국의 명문대 집단을 의미)에서는 '성공' 대신 '행복'해지는 방법을 가르치는 강의가 대세다. 치열한 경쟁 속에서 권력, 명예, 돈을 쫓는 것이 인생의 목표가 되면서 스스로 스트레스 관리능력이 떨어지고 있기 때문이다. 하버드대학교의 샤하르 교수는 "불완전한 사람이 행복하다. 실패하는 법을 배워라, 아니면 배우는 데 실패할 것이다."라고 말했다.

그토록 갈망하던 성공에도 불구하고 실패를 두려워하는 사람들이 많다. 성공하든 안 하든 삶에서 행복을 느끼고, 평온한 감정 상태로 살아가는 스트레스 관리를 잘 사람들에겐 어떤 비밀이 숨어 있는 것일까?

◆ 왜 어떤 사람들은 늘 행복하고 어떤 사람들은 늘 불행한 걸까?

 인생이 편안해지는 데 도움이 되는 생각이나 습관이 있기는 한 걸까? 같은 일을 겪어도 어떤 사람은 웃고, 어떤 사람은 세상이 무너질 것 같은 얼굴을 하고 있다. 편하고 즐거운 감정은 몸 근육을 키우듯, 자신의 감정에 대한 반응을 키울 때 느낄 수 있다. 내 감정반응을 알아차리는 과정을 통해서 시련과 역경이 닥쳐도 이겨낼 수 있는 건강한 생활 습관들이 만들어진다. '감정이 무엇인지'를 한층 더 깊이 알게 되고, 자신도 몰랐던 자신의 감정과 만나는 사람들은 불안하지 않다. 우리는 그 감정의 찌꺼기들을 제대로 처리하지 못해 방치하기 때문에 불행으로 가는 길 위에 있다.

 감정이라는 단어는 생소하고 어렵게 느껴진다. 감정을 알아간다는 말이 아직도 불편하다면 많이 억누르고 견디면서 살아왔다는 증거이기도 하다. 내가 느끼는 감정이 무엇인지 이해하고 그 토대에서 자기 감정을 탐색해보자. 스트레스 상황에도 좋은 감정을 유지할 뿐 아니라 성장의 기회로 삼는 사람들의 특징이 있다.
 이런 사람들은 흔히 느끼는 감정의 반응이 어디서부터 시작되는지 알고, 자신의 마음을 더 깊이 이해하고, 더 이상 감정에 끌려 다니지 않는다.

진정한 내 감정을 알아차리는 것은 현재 상태를 있는 그대로 받아들이는 것이다. 이것이 우리가 '좋은 감정' 또는 '행복한 감정'을 갖기 위한 첫 번째 조건이다. 스트레스 자체의 문제가 아니라 스트레스를 받아들이는 내 마음의 자세가 중요하다. 내 마음속 나쁜 감정들을 알아차리는 것이 매우 중요하다. 항상 남들의 시선과 나에 대한 평가를 신경 쓰며 스트레스를 받는 불행한 사람이 있다. 이와 반대로 나의 감정을 알고 단순하게 명료화하는 사람은 행복한 사람으로 가는 길이다.

◆ 행복에도 연습과 공부가 필요

스트레스를 조절하는 방법에는 어떤 것이 있을까? 분노, 슬픔, 우울, 짜증, 무기력과 같은 부정적 감정은 마음이 보내는 일종의 신호다. 이런 감정은 드러내 놓기가 두렵다. 하지만 이런 계기가 내 마음을 돌아보고 자신과 더 친해질 기회를 준다. 일상에서 스트레스를 받고, 짜증나고, 갈등하고, 우울해지는 우리를 힘들게 만드는 부정적 감정과 상황들은 너무도 많다.

중요한 건, 그런 감정 상태에 빠지지 않는 것이 아니다. 그 감정들을 이해하는 것이 시작점이고 슬기롭게 벗어나는 지름길이다.

주원씨는 누구나 부러워하는 공기업에 다니는 직장인이다. MBTI의 ESTJ(관리자형)으로 일이 우선이고 일 중심 유형이다. 방법과 방향 설정이 되면 불도저처럼 일을 해낸다. 한편으론 다른 사람의 감정을 이해하는 공감력이 부족하다. 처음에는 부인이 말하는 것을 공감은커녕 이해조차 할 수 없어서 화를 냈다. 상담이 진행되면서 감정을 잘 표현하지 못했던 남편이 부인을 수용해주기 시작했다. 부인은 남편에게 처음으로 이해받았다. 부인의 표정이 달라지면서 주원씨의 인식도 변했다. 행복에 필수조건 중 하나인 공감도 연습과 공부가 필요하다는 것을 알게 되었다.

감정을 알아차리고 스트레스의 근원을 찾는 방법에도 연습과 공부가 필요하다. 스트레스로 인해 생겨나는 나쁜 감정과 그것을 받아들이는 훈련이 필요하다. 주원씨의 수용을 통해 얼어붙은 부부관계를 푸는 계기가 되었다. 억울한 일, 슬픈 일, 화나는 일을 당할 때 많은 사람은 그 감정을 제어하지 못하고 분출하는 충동성을 보이거나, 반대로 다른 사람을 의식해서 감정을 억압하고 마음 깊이 담아두면서 스트레스를 겪고 있다. 이렇게 뒤죽박죽 복잡한 감정들을 깔끔하게 정리할 수 있다면, 우리의 삶은 달라질 수 있다.

◆ 긍정적 감정으로 전환하는 시크릿

비밀스런 사람들에게는 시크릿이 있다. 내가 보고 싶은 사람들의 마음을 리모컨을 누르듯이 바로바로 알 수 있다면? 삶에서 어떤 일이 일어날까? 동물은 즐거움, 화, 슬픔에 빠지면 스스로 어떤 감정인지 인지하지 못하고 그냥 그 감정에 빠져버린다. 여기서 메타인지가 있느냐 없느냐가 중요한 차이를 보인다. 메타인지가 발동하지 못해 '화' 속에 빠진 채 헤어 나오지 못한다면 동물과 다를 바 없다. 사람은 메타인지가 발동하는 순간 제3자 입장에서 나를 바라보게 되고, 그때 부정적 감정에서 빠져나올 수 있다.

메타인지 높은 사람은 다른 사람들과의 관계에서도 탁월함을 발휘한다. 자신의 감정 상태를 명확하게 알고 상대에게 자신의 감정을 이성적으로 표현한다. 서로의 마음을 이해하고 의사소통하는 지름길이다. 만성적인 스트레스를 표출하고 견디는 방식은 각기 다르다. 참기만 하고, 견디기만 하다가 참지 못하는 지경이 되면 욱하고 폭발한다. 이때는 이미 통제 불능의 상태가 된다. 마음의 온도계를 들여다보고 감정을 이해하면 긍정적 감정으로 치유가 일어날 수 있다.

우리를 힘들게 하고 괴롭게 하는 만병의 근원은 스트레스일까? 아이가 세상에 첫발을 디딜 때 혼자 잘할 수 없다. 한 발자국씩 메타인지적 감정 훈련을 경험하다 보면 그 믿음이 선 순환되어 공부에 더 집중할 수 있다. 한 발 한 발 소소한 성공의 경험이 쌓인다면 어느새 스트레스 관리를 잘하는 긍정의 멘탈을 가진 좋은 나를 발견할 것이다.

4

잠재력을 이끌어 내는 시크릿 로드맵

: 학습유형

4장.
잠재력을 이끌어 내는 시크릿 로드맵
: 학습유형

1. 왜 모두가 똑같이 배워야 한다고 생각할까?

◆ 나에게 맞는 옵티마(최적화) 공부법

'공신'(공부의 신)들의 공부 비법을 따라 해도 성적이 오르지 않는다면? 그 이유가 뭘까? 그건 자기에게 딱 맞는 공부 전략을 짜지 못했기 때문이다. 성격과 기질에 맞는 '최적화 공부법'은 따로 있다는 얘기다.

아이의 타고난 기질을 억누르지 않고 잠재력을 최대한 끌어내기 위해서 학습심리 클리닉에서 자녀와 함께 심리검사를 받고 과학적인 지침을 만들기도 한다. 모든 사람은 각자 다른 성격과 두뇌를 가졌다. 공부도 이에 맞춰 각자의 스타일에 맞는 방법이 있다. 처음부터 학습유형 검사 등의 과학적인 방법을 알고 실제적인 도움을 받을 수 있다. 그 모든 것이 가능한 게 옵티마(최적화) 모델이다.

◆ 학습에 주체적 태도로 임해라

학습 태도는 내면 형성과 생애 전체에 결정적 영향을 미친다. 중요한 성격을 형성하는 시기와 맞물려 있기 때문이다. 내 아이가 삶을 자기 주도적으로 살 것인지 아니면 비 주도적으로 살 것인지 선택하라고 한다면? 부모는 고민하지 않고 주도적인 쪽에 한 표를 던질 것이다. 하지만 주도권 변화는 일방적인 교육만으로는 되지 않는다. 하지만 시작점이 옵티마 학습유형이라면 가능하다.

자기주도학습에서는 학습자가 스스로 진단하고, 목표를 주체적으로 설정하는 것을 강조한다. 관련 학습자원을 선택, 학습전략을 수립하고 실행한다. 평가하는 과정에서 타인의 도움을 받거나 혹은 자신이 전적으로 학습을 진행 시켜 나가는 것으로 볼 수 있다. 즉, 자기주도학습은 학습자의 개인의 자율성, 자유의지 그리고 역량을 바탕으로 한다.

학습경험에서의 계획과 관리에 관련된 다양한 의사결정에 대한 통제권을 유지하면서 추진하는 학습이다.

옵티마 학습유형은 자기주도적 학습과는 관점의 출발점이 다르다. 메타인지를 적용한 사람인지 아닌지에 대한 시각이다. 자신의 강점과 부족한 점을 알고 인정하는 것은 메타인지가 강한 사람만이 할 수 있다. 강함의 의미는 주어진 문제를 해결하는 방법이나 기술적 차원의 활동에만 국한하지 않는다. 인본주의 학습이론가 로저스의 인간중심 학습에서 '학습의 자유', 즉 자율성 향상이 중요하다고 말했다. 학습 과정에 주체적 태도로 임하는 태도가 환경을 일상으로 만들어야 한다.

◆ 너의 진짜 모습은 뭐니?

"너 자신을 알라." 이게 바로 메타인지의 핵심이다. 소크라테스의 철학 출발점으로 둔 이 말은 고대 그리스 아폴론 신전 현관 기둥에 새겨져 있다. 자신을 알면 어떤 게 좋은 걸까? 나라는 사람. 자신의 성향을 알고 표현하며 살아가는 게 잘 사는 것이 아닐까? 자신이 자동차인데 하늘을 날아보려 하고, 포크레인이 물 위를 달리려면 어떻게 될까? 잘 살기 위해서는 내가 어떤 사람인지, 무엇을 하고 싶은지 알아야 한다. 남들 따라 엉뚱한 것을 하다 보면 힘만 빼고 자책하기에 십상이다.

영화 매트릭스의 내용 중 주인공 네오가 예언자를 찾아간다. 들어

가는 문 입구에 쓰여 있는 글귀가 바로 "너 자신을 알라"라는 문구다. 자신의 능력을 의심하는 네오에게 예언자는 말한다. "진실은 아무도 말해 줄 수 없다. 스스로 경험을 통해서 온몸으로 느껴야 한다."라고 말한다. 자기 자신을 믿지 못하면 누가 뭐라고 이야기한들 소용없는 것이다. 주인공 네오는 자기에 대한 확신이 없었다. 자신이 어떤 잠재력을 지니고 있는지 믿지 못한 것이다.

나를 과대평가할 필요도, 과소평가할 필요도 없다. 있는 그대로 바라보기 시작하면 나의 진짜 모습을 알 수 있다. 나라는 사람을 하나의 덩어리로 보면 평범하다 못해 찌그러진 양철 그릇이 된다. 엄격한 규칙이나 남다른 사고방식을 내세우기보다는 문제가 어디에 있는지, 무지의 원인이 무엇인지 우리 내면에서 찾아야 한다. 결국, 모든 지식은 자신을 아는 것에서부터 시작된다.

◆ 내 방식대로

물고기로 태어났으면 물에서 헤엄쳐야 하고, 말로 태어났으면 육지를 달려야 한다. 그건 틀린 게 아니라 다른 것이다. 내 아이를 내가 원하는 방식으로 만들지 않아야 한다. 내 아이가 태어나는 그 순간부터 아이에 대해 많이 연구하고 공부하자. 아이가 어떤 강점과 약점이 있는지 알아보자. 내 아이가 가지고 태어난 색깔을 알아보는 세심한 눈이 필요하다.

내가 가진 진정한 가치를 파악했다면, 이제는 메타인지를 공부에 적용하는 일만 남았다. 제일 쉬운 예로 당장 시작할 수 있는 것이 있다. 공부할 때 선생님이 되어보자. 학생들이 있다는 상상으로 가르친다는 개념이다. 가르친다는 개념으로 말을 하다 보면 내가 몰랐던 부분과 아는 부분이 정확하게 구분된다. 내 강점을 살려서 내가 잘하는 나의 방식으로 하는 당위성을 경험하는 것이 중요한 관점이다. 장점을 강점화 시키는 경험을 하는 것이야말로 우리의 잠재력을 찾아내는 강력한 수단이다.

내가 편한 대로, 내 방식대로 공부해보자. 자신의 강점을 살려서 공부에 적용해보자는 말이다. 주제 파악 못 하고 자신을 과대평가하라는 말이 아니다. 내가 계획을 잘하는지, 함께 공부해야 집중이 잘되는지, 혼자 조용히 공부해야 몰입이 잘된다든지, 격려받을 때 동기부여를 받는지 등 내 특징을 파악하고 활용하라는 것이다.

미래는 나의 기대와 일치하는 방향으로 변화한다. 이러한 현상을 '자기충족적 예언'(self-fulfilling prophecy)이라고 한다. 내 방식대로 변화의 물결을 일으켜보자.

2. 리더형 학습법 : 주도권을 주고 책임감을 자극하라

진정한 리더는 관찰을 통한 비전과 목표를 제시하고 구성원들을 이끌어 가는 힘이 있다. 리더는 단순히 조직을 관리하고 일상적 의사결정을 하는 사람을 뜻하지 않는다. '목표(goal)'를 향해 조직을 이끌어 갈 수 있는 사람, 조직의 목표를 명확히 해주며 구체적 동기유발을 끌어낼 수 있는 사람, 미래의 비전을 향해 방향을 잡아줄 수 있는 사람을 리더라고 한다. 리더의 적성에 있어 성격이 차지하는 비중은 매우 크다. 따라서 성격검사를 통해 자신을 제대로 알면 나에게 어울리는 학습법과 나아가 직업적성을 파악할 수 있다.

◆ 리더형의 특징을 파악하라

-W. 어니스트 헨리는 "나는 내 운명의 주인이다."라고 말했다. 리더형은 자기 삶을 주도적으로 사는 대표적이 유형이다. 타고난 활동력을 가지고 자신의 통찰력과 에너지를 마음껏 세상에 펼칠 때 삶의 의욕을 느낀다. 불가능을 가능으로 만드는 도전 전문가로서 당신은 자신이 옳다고 생각하는 것은 전력을 다하는 사람이다. 용기와 힘이 넘치고 결단력이 있다. 권력구조를 파악하는 능력이 뛰어나며 자신의 강한 힘을 발휘할 수 있는 위치를 확보하는 능력도 갖추고 있다.

이 유형의 자녀는 도전하는 사람으로 자기주장이 강하고 뛰어난 직관력으로 무장한 추진력을 가진다. 이들은 스스로가 도전하는 것뿐만 아니라 다른 사람들도 어떤 일에 도전해서 자기 능력 이상의 일을 해내도록 격려하는 것을 즐긴다. 사람들을 설득하는 탁월성을 가지고 있다. 회사 설립하기, 도시 건설하기, 집안 꾸려 나가기, 세계 평화이루기 등을 할 만한 카리스마와 신체적, 심리적 능력을 품고 있다.

리더형의 특징은 주도권의 쟁취로 선명하게 나타난다. 타고난 활동력을 가지고 자신의 능력과 에너지를 주도적으로 마음껏 펼칠 때 삶의 의욕을 느낀다. 반대로 휘둘리기 시작하면 투쟁하거나 무기력해진다. 새로운 일에 도전하고, 미지의 영역을 개척하면서 살아있음을 느낀다. 사람들의 능력을 키워주고 약자를 보호하고 사회정의를 구현하는 것에 자신의 한계를 깨고 능력을 발휘하고 싶어 한다. 그러나 환경을 통제하고 사람들과 맞서는 것을 좋아하기 때문에 때론 도전적이고 위협적이며 고집스럽고 자기주장이 강하다.

◆ 리더형 학습법의 장단점을 파악하라

리더형은 승부욕과 에너지가 많고 독립적이며 자기 힘으로 상황을 주도하려는 성향의 사람이다. 리더의 행동은 수많은 구성원에게 직,

간접적으로 영향을 미친다. 때문에, 이 유형의 자녀는 다른 사람들에 영향을 미쳐서 목표 성취를 위해 나아가게 할 수 있는 인정의 욕구가 강하다. 리더형은 리더십이 있고 도전적이고 모험을 좋아한다. 결과를 성취하기 위해 장애를 극복함으로써 스스로 환경을 조성한다.

의대생 민서는 공부할 때 내가 얼마나 할 수 있는지, 계획할 수 있는지 본다. 실천할 수 있는 범주에서 지킬 수 있는 것을 빨리 깨닫는 것이 중요하다는 것을 아는 것이다. 민서는 계획 세우고 실행하는 걸 좋아한다. 특히 재수할 때 전체적인 계획을 세우고 주 단위와 일 단위의 계획도 세웠다. 계획을 잘 세우는 자신의 장점을 잘 알고 활용하고 있다. 덕분에 학교 팀 수업에서 리더의 역할도 안정감 있게 할 수 있었다. 조별 과제에서도 시간 단축과 배치를 적절하게 해서 시간을 확보하고 계획, 실행할 수 있는 리더의 역할에 충실했다.

객관적으로 냉철한 판단력의 소유자로 비판 능력이 월등한 민서는 전형적인 리더형의 장점을 보여준다. 매사에 자신감이 있고 열정적이고, 독립적이며 자기 힘으로 상황을 주도할 수 있다. 목표지향적인 성향으로 자기주장이 강하여, 신중하고 효율적인 일처리를 잘하는 자신을 알고 있다. 지적 호기심이 강하고 스트레스에 잘 대응하는 모습을 보인다. 독립적이며 자립적이다. 주도적이고 도전적인 상황에 정면으로 맞서고 즐기는 모습을 보인다. 민서는 스스로 독립적인 성향이라서 부모가 저의 인생에 관여하는 것을 원하지 않고 소유물로 생각하지 않는 것이 중요하다.

◆ 리더형에 맞는 공부전략의 활용

리더형은 자녀의 주도권을 활용하는 것이 최대의 무기이다. 민서는 학습에서 자신의 추진력 좋은 장점을 살려서 스스로를 경영했다. 이런 경험이 자신감으로 차곡차곡 쌓인다.

"공부할 때 실패해도 다시 계획을 짜고. 자기검열을 혹독하게 했어요."

"저는 열 개를 다 실패해도 그중에 하나는 얻어걸린다는 개념을 가지고 있어요."

"큰 기대 하지 않고, 수정하고 다시 시도해 보는 거죠."

주도적인 유형들은 결정적인 부분에서 능력이 발휘된다.

---

* 리더형의 전략 : '나를 경영한다'

리더형의 신조는 '나를 스스로 경영한다.'이다. 목표를 향하여 가는 기질이 누구보다 강한 점에 주목할 수 있다. 관찰을 통하여 목표가 정해지면 누구보다 빠른 속도로 자신의 것으로 받아들이는 면모가

있다. 자신을 경영하는 리더로서 스스로 하고 싶은 것을 해내려 한다. 학습에 있어서 최선을 다해서 책임지고 완수하려고 노력한다. 방법을 깨우치고 정확하게 관찰하고 철저하게 암기한다. 리더형의 공부법은 하나를 제대로 깨우치기만 다른 영역의 공부에도 적용할 줄 아는 적응력이 있다. 주도권을 주고 책임감을 자극하면 어떤 결과가 나올지 흥미진진하지 않은가?

리더형은 '오케스트라 지휘자'처럼 무리를 이끄는 지도자다. 신념을 가지고 자신을 세우는 행위는 힘을 나타내고 존재감을 드러낸다. "인생은 망하지 않는다. 지나가는 작은 일화 중 하나일 뿐이다."라고 말한 '유방'은 자신이 천하장사 초패왕 항우를 상대로 승리할 수 있었던 이유가 각자 신하들이 각자 제 능력을 발휘하게끔 상호조율하고 다듬어주는 지휘를 했기 때문이라고 말한다. 리더형의 학습전략의 핵심은 주도권이다. 자신을 구심점으로 일사불란한 지휘체계로 만들어야 한다.

3. 사교형 학습법 : 토론과 발표 중심으로 학습하라

행복은 습관이다. 그것을 몸에 지니라

- 허버드 -

◆ 사교형의 학습이란

사교형의 진정한 관심사는 '사람'이고, 사람과의 관계 안에서 강자다. 늘 새로운 것에 관심과 흥미가 많다. 적극적인 행동과 감정표현을 하여 추진하는 유형인 사교형 자녀는 상상력을 자극해야 한다.

'사교형' 자녀에게 하지 말아야 할 첫 번째 행동은 무시하거나 거부당한 느낌을 주지 않는 것이다. 사교형 아이들은 다소 집중력이 부족해도 설득력과 상상력이 좋다. 자녀의 장점을 충분히 올리기 위해선 사람들과의 관계 속에서 학습을 잘할 수 있도록 최적화해야 한다.

◆ 사교형의 특징을 파악해라

'사교형' 자녀를 동기부여 시킬 방법은 무엇일까? 바로 상상력 자극이다. 〈신데렐라〉나 〈해리 포터〉 같은 책을 읽을 때 "저렇게 멋진

성에서 살려면 어떻게 해야 할까?"와 같은 미래의 성공에 관한 질문을 하는 것으로도 사교형 자녀에게 동기부여가 가능하다. 사교형 아이들은 친한 친구가 공부를 시작하면 따라 공부하고 친구가 놀면 함께 논다. 동기부여 원천이자 삶의 주 에너지는 '사랑'이므로, 사랑받기를 원하는 정서적 충족을 채워줄 필요가 있다.

사교형 자녀의 정서적인 만족을 위해서는 부모가 적극적으로 칭찬하고 격려하며 지지해야 한다. 그래서 심한 과장법을 써서 자녀의 작은 칭찬에도 거품 물고 쓰러지며 뒹굴 정도로 표현해야 한다. '사교형' 자녀가 '신중형' 부모를 만났을 때 갈등은 고조된다. 초등학생인 한 사교형 아이가 쪽지 시험을 100점 맞고 기쁜 소식을 알리기 위해 달려가는 모습을 상상해보라. 기쁜 마음에 100m 밖에서부터 시험지를 휘날리며 집으로 달려온 아이에게 '신중형' 부모는 뭐라고 말할까? "반에 대체 100점이 몇 명이니?" 또는 "세상에, 시험이 그렇게 쉬웠니?" 그럼 사교형의 아이는 상처받고 입을 다물 것이다.

이뿐만이 아니다. 상처는 스킨십에서 절정을 이룬다. 아이는 태어나서부터 늘 엄마 옆에 있으려 하고 손도 잡고 싶어 하는 등 스킨십을 원한다. 그런데 신중형 부모의 특징은 스킨십을 지극히 싫어한다는 점이다. 심지어 낯선 사람이 1m 이내에 접근해도 싫어하는 경향이 있다. 그로 인해 아이의 상처는 쉽게 치유되지 않은 채 중고등학생이 되며 사춘기의 심한 열병을 앓게 된다.

추상적인 자료를 싫어하며 다양한 응용법을 빠르게 파악하는 특성도 있다. 공부하는 것을 미루지 않도록 주의하고 혼자보다는 친구들과 함께하는 발표 및 토론형 스터디를 추천한다.

◆ 사교형 학습의 장·단점을 파악해라

사교형은 행복을 누리며 모든 사람의 경험에 풍요로움을 더해 주는 것이 본성이다. 사교형을 움직이는 가장 강력한 무기는 칭찬이다. 자유분방한 이미지가 강하고 굉장히 열정적이면서도 낙천적이며 상상력이 풍부해서 분위기메이커 역할을 자처한다. 네트워크의 귀재라 환경 변화에 적응을 잘하고 처음 만나도 30분만 지나도 30년을 알고 지낸 것처럼 이야기할 수 있다. 하지만 풍부한 상상력은 비현실적이거나 몽상가처럼 보일 때가 있다. 수다스럽다 평가받을 때도 있기에 대인관계에 있어 너무 부족하지도 지나치지도 않은 중간을 유지하는 것이 좋다.

고2 '사교형' 소영이는 친구들과 밤늦도록 대화하느라 잠을 설친다. 엄마와 계속 핸드폰 사용으로 갈등을 빚는다. 자녀의 학습 장애물은 친구의 유혹과 쉬지 않는 휴대폰이다. 엄마와 갈등 선생님과 사이가 벌어지면 성적도 떨어진다. 따라서 '사교형' 자녀들에게는 공부를 잘하는 친구를 주변에 두는 것과 발표 기회나 주목받을 기회를 주는 것이 좋다. 이들은 자신과 다른 사람에 대한 기대치가 낮으므로 자신에 대한 기대치를 높이도록 도와야 한다.

사교형 학습은 친구와 상호작용하는 방법이 매우 효과적이다. 선천적으로 인간관계의 조화가 중요하다. 자기 생각을 전달하거나 언어적 표현을 할 수 있는 발표수업, 현장 탐방 및 토론 수업이 좋다. 많은 사람들 앞에서 시연하는 것과 반복적인 학습 방법도 좋다. 집중력이 부족하여 단기적인 학습전략이 전략적이다.

◆ 사교형에 맞는 전략을 활용하자

사교형의 부모는 감정의 더듬이를 만들어야 한다. 이들은 세상을 무대로 자신을 무대의 주인공이라고 생각한다. 가장 중요한 관객인 부모나 친구 등 주변 가까운 사람들의 싸늘한 태도는 사교형 아이들에게 가장 견디기 힘든 형벌이며 상처가 된다. 사교형 자녀의 특징을 살펴보았으니 이제는 그에 맞는 전략을 만들어 보자.

* 사교형의 전략

첫째, 흥미로운 주제를 골라서 공부해야 학습 욕구와 관심이 증폭

자신이 즐기는 주제로 타인에게 즐거움을 주기 위해 사용할 때
큰 성과

둘째, 공부를 즐길 수 있도록 마음에 꼭 드는 장소 필요

말재주가 좋아 친구에게 설명하면서 공부하는 방식, 토론,
발표식 학습 방법이 적합

마음이 맞는 친구들과 함께라면 재미와 공부 두 마리 토끼를 획득

셋째, 실생활의 예시가 있는 시각적인 교재를 사용

실제 삶 속에서 쓸 사례가 시각적인 교재(교육용 게임 등)로
제공될 때 가장 잘 학습

자신이 배우고 있는 것이 실제로 어떻게 적용되는지 구체적으로
아는 게 효과적

'사교형'에게 동기부여는 사회적으로 인정을 받는 것이다. 따라서 사교형 자녀의 능력을 공개적으로 인정해주고, 자유로운 의사 표현을 할 수 있도록 하는 게 매우 중요하다. 자유롭고 민주적으로 의견을 표현하도록 허락하는 것이 내적 동기를 갖는 환경이 된다. '사교형'들은 주로 예술과 연예인 등 대인 서비스직의 직업이 많다.

4. 조화형의 학습법
: 글쓰기 전략과 감각적인 학습 방법을 활용하라

진짜 문제는 사람들의 마음이다. 그것은 절대로 물리학이나 윤리학의 문제가 아니다.

- 아인슈타인 -

'조화형 학습법'은 사람의 마음을 보살핀다. 인간관계를 원만하게 유지하며, 상호 안전한 이익과 평화를 가치로 추구하는 것이 대표적인 성향이다. 조화형은 성실하고 능력을 갖춘 동료들과 함께할 때나 팀의 일원이나 동료가 되었을 때 자기 능력을 더 잘 발휘한다. 과제 완수를 위한 업무 수행 절차를 이해시키고, 기회가 오면 적극적으로 행동하도록 훈련시키는 것이 좋다. 당신의 자녀가 조화형이라면 마음을 움직이는 지혜를 발휘해 보자.

◆ 조화형의 특징을 파악해라

진정한 평화주의자들이다. 조화형이 가장 싫어하는 것은 갈등과 압박이다. 조화형은 특별한 이유가 없는 한 현재를 유지하려는 경향이 강하다. 이들은 강한 인내력과 포용력을 소유하고 있지만, 추진력이 부족한 느낌을 줄 수 있다. 이 유형의 사람들은 진정으로 다른 사람과 갈등 없이 조화롭게 지내고 싶어 한다. 갈등이 생겼을 때 공격하기보다는 대부분 수긍한다. 모두와의 조화를 위해 자신이 양보하기도 한다.

재수생 하윤이는 공부에 집중하기 힘들어서 상담 받았다. 무엇을 어떻게 표현해야 할지 몰라 말하는 것이 힘들다. 검사를 통한 분석 결과 타인에 대한 인식이 너무 높고 자신감이 그 반대로 너무 낮았다. 가족 간의 갈등이 심해지면 감정을 억누르고 회피했다. 상담하면서도 엄마 눈치를 계속 보았다. 충분히 잘 할 수 있는 자질이 있는데 갈등으로 공부에 집중하지 못하는 점이 문제였다. 자존감은 높지만, 상대적으로 타인에 대한 기대치가 매우 낮아서 남을 압박하거나 갈등을 만들지 않는다.

조화형의 자녀에게는 압박과 갈등 국면을 만들기보다는 천천히 자녀에게 속도를 맞추는 지혜가 필요하다. '조화형'은 속도는 느리지만 일을 꾸준히 완벽하게 처리하는 경향이 높다. 사람들이 나를 사랑하고 자녀를 위한 학습 도우미 역할을 하려면 실현이 가능한 목표를 제시하되 사다리처럼 목표를 단계별로 서서히 올려야 한다. 공부 노하우를 알려주고 직접 해보게 시키자. 그리고 습관이 형성될 때까지 함께 하라. 속도를 좀 더 내도록 권유하면서도 압박하지 말아야 한다.

◆ 조화형의 강자들

"나는 가치 있는 사람이야."

조화형은 사람들에게 좋은 일을 해주고 그것을 통해 타인과 협력하는 것을 즐긴다. 자신과 다른 사람을 배려하고 다른 사람에게 선의와 사랑을 가지는 것이 본성이다. 안정되고 조화로운 환경에서 자기 능력을 발휘한다. 친숙하고 낯이 익은 대인관계에서는 사교성이 높지만, 전반적인 대인관계에서 낯가림이 있고 긴장을 경험한다. 정서적 감수성이 높으나, 언어적으로 표현은 하지 않는다. 조화형의 장점은 친화적이고 협력적인 특성으로 인해 대인 적응 능력이 강하고, 환경변화가 적은 곳에서 뛰어난 집중력을 보인다.

미국 42대 대통령인 빌 클린턴은 조화형의 대표적 인물이다. 냉전 종료 이후 전 세계 유일의 초강대국으로 등극한 미국을 안정적으로 통치했기에 미국 대통령들 가운데 가장 높은 퇴임 지지율을 기록한 대통령으로 남게 되었다. 빌 클린턴은 러시아의 초대 대통령인 보리스 옐친과 만취한 모습으로 공식 석상에 등장한 모습으로 등장하여 시시덕대는 모습을 보였다. 냉전 시기 서로를 잡아먹으려 으르렁대던 국가의 수장답지 않게 사교적이고 친화적인 모습을 자주 연출하였다. 이 시기 클린턴과 옐친이 보여준 케미는 "보리스와 빌 쇼(The Boris & Bill Show)"라고 불렸다. 미국인들에게 탈냉전의 해빙 분위기를 제대로 느끼게 하는 낙관적이고 희망적인 이미지의 대통령으로 클린턴은 기억되고 있다.

조화형의 강자는 배려심과 공감 능력이 뛰어나다. 남을 돕고 싶어 하는 마음을 갖는 이들은 상대방의 일을 자기 일처럼 공감하고 받아들일 수 있다. 리액션이 뛰어나고 상대방에게 적절한 공감 및 감정 표현과 함께 현실적인 대안까지 제시할 수 있다. 이들은 공동체에서 관계를 도모하고 모임을 주선하는 핵심적인 역할을 한다. 연장자와 상사를 존중하고 자신도 그러한 존중을 받길 원한다. 사회에서는 윤활유 역할을 한다.

◆ 조화형에 맞는 전략을 활용하자

조화형은 인내심과 일관성의 아이콘이다. 집중력과 높은 인내심으로 자신이 관심이 있는 부분에서는 성취도가 높다. 바쁜 상황에서도 여유를 가지면서 안정되어 있다는 평가도 받는다. 두 가지 일을 동시에 진행하는 것과 떠들썩한 분위기를 좋아하지 않는다. 공부하는 시간에 집중할 수 있도록 배려하는 것이 필수조건이다. 특히 다른 방해를 받지 않고 한 가지에 집중해서 학습하는 방법이 가장 효과적이다. 과외나 조용한 소그룹학원이 적합하다.

조화형의 전략은 안전한 관계 형성과 환경이다. 자신을 가치 있는 사람이라고 느끼게 해주는 환경이다. 예측할 수 있는 자기 루틴으로 공부해야 한다. 개인적인 일이나 생활이 침해받는 것을 매우 싫어한다. 개인적인 학습과제를 선호하며, 생각을 표현하기 위해 글쓰기 전략을 활용한다. 감각적으로 풍부한 활동을 통한 학습 방법을 선호하고, 계획되고 틀에 맞춰진 체계적인 학습전략은 선호하지 않는다.

조화형은 친밀함의 울타리에 있어야 한다. 가족, 우정과 같이 삶에서 정말로 기분 좋게 느껴지는 것들이 주위에 있어야 안정된 학습을 한다. 다른 사람을 너그럽게 대하고 나도 그 사람들을 위해서 뭔가를 할 때 삶을 가장 의미 있고 풍요롭게 느낀다. 따뜻한 가정의 울타리와 부모는 힘의 근원이 된다. 좋은 성적을 받았을 때 사람들이 보여주는 사랑과 관심을 놓치고 싶지 않아서 더 열심히 한다. 조화형은 안전한 가정과 주변의 인정이 핵심이다.

5. 분석형 학습법
: 스스로 관찰하고 질문하며 학습하라

인생에서 원하는 걸 얻기 위한 첫 번째 단계는 내가 무엇을 원하는지 결정하는 것이다.

- 벤스타인 -

분석형은 객관적이고 공정하게 일 처리를 잘한다. 일하는 속도가 느린 사람이 있기도 하지만, 완벽하다 느낄 때까지 노력하는 특징이 있다. 관계보다는 일 중심이지만 더 정확히는 완벽한 일 처리를 통해 사람과 세상으로부터 자신이 신뢰받는 것에 더욱 관심이 집중되어 있다.

생각을 많이 하고 명확한 기준이 있어야 동기를 얻는다. 따라서 이들이 학습할 때는 그림이나 도표, 마인드맵 등의 자료가 유용하다. 공부할 내용이 명확하고 구조화되어 있다면 큰 학습효과를 볼 수 있다. 다만 대인관계가 약점이기 때문에 존중하고 배려하는 말이 효과적이다.

◆ 분석형의 특징을 파악해라

분석형 자녀는 자신이 이해되고 납득 가능해야 움직인다. 그렇다고 해도 완전한 의심을 거두지 않는다. 그러나, 논리적인 설득 후에는 끝까지 지켜나가는 신의를 보여준다. 신중한 아이들의 책상 위는 깨끗하며 방도 비교적 잘 정돈되어 있다. 주말이나 방학에도 '사교형'과는 달리 밖에 나가기보다 오랫동안 혼자 잘 지내는 편이다. 먹는 것을 정할 때도 논리적인 선택을 선호하므로 가격 대비 맛과 질을 따진다. 대체로 말이 많고 대화가 비논리적인 '사교형' 사람들과 오랫동안 함께 있으면 힘들어하는 경향이 있다. 이런 점을 가장 어려워하는 사교형 부모는 특별한 훈련을 받거나 노력할 필요가 있다.

'분석형'은 주로 남의 말을 잘 듣는다. 하지만 협력적인 관점보다는 비협조적인 관점을 갖고 듣는다. 소위 '까칠하게 듣는다.'라는 느낌이 있다. 그래서 결론부터 꺼내는 '주도형'이나 앞뒤 못 재고 두서없이 말하는 사교형에게는 '신중형'의 촌철살인 한마디가 찬물을 끼얹은 것처럼 분위기를 싸늘하게 만든다.

하지만 논리적인 근거를 가지고 시간을 주고 찬찬히 설득하면 분석형 자녀는 약속한 것을 끝까지 잘 지킨다. "수레 끌 사람!" 하면 선뜻 손을 들지 않는다. 하지만 자신이 수레를 밀어야 할 논리적 이유가 명확할 땐 움직인다.

대표적인 인물로 일론 머스크와 삼성그룹 이병철 회장을 들 수 있다. 이들은 상상력이 풍부하고 철두철미한 계획을 세우는 형이다. 독립성이 강하고 남다른 것을 추구하며 이성적인 논리를 바탕으로 자신의 분야에서 두각을 발휘한다. 장점으로는 이성적이고 합리적인 사고를 하고, 박학다식한 책벌레들이 많다. 명확한 비전이 있고 목표를 설정한다. 일론 머스크처럼 현실을 바꿀 수 있는 능력이 있는 사람들이다. 달에 대한 호기심으로 전기차를 만들어내야겠다고 생각을 할 만큼 그는 도전적이고 창조적인 생각이 가득한 다재다능한 사람이다.

◆ 분석형 학습의 강자들

'1달러 프로젝트'로 유명한 일론 머스크는 창업하기 전에 본인에게 얼마가 필요한지 알아보기 위한 일종의 실험을 진행했다. 이른바 '일론 머스크의 욕구 실험'이라고도 주목받았다. 하루를 1달러로 살아가는 것이다. 그는 창업을 앞두고 혹시나 실패했을 때 뒤따를 가난을 감당할 수 있을지 고민했고, 1달러 프로젝트에 돌입했다.

일론은 대형마트에서 냉동 핫도그와 오렌지를 사 먹을 수 있는 30달러로 한 달을 생활했다. 돈이 없는 삶이 어떠한지를 직접 체험해 본 것이다. 한 달을 지내보니 살만했다고 한다. '어떻게 되든 망해도 한 달에 30달러는 벌겠지.'라고 생각한 그는 바로 창업 전선에 뛰어들었다. 창업의 방향은 인터넷, 우주, 친환경 에너지 분야로 정했다. 이후 페이팔, 스페이스X를 창업하면서 성공하게 된다.

이런 기질은 자신과 타인에 대한 기대치가 높다는 것이 특징이다. 기존 시장에서 틈새를 엿보는 것이 아니라, 완전히 새로운 기회를 만들어 세상을 바꾸는 꿈을 꾼다. 끊임없는 자신의 동력이 과학과 논리라고 생각한다. 상식은 제쳐두고, 과학적으로 세상을 보면 훨씬 나은 길이 보인다. 현실과 조건에는 얽매이지 않는다. 도전과 실패를 거듭하면서 실행 방안을 논리적으로 분석하는 모습으로 자신의 가능성을 끌어올렸다.

◆ 분석형에 맞는 전략을 활용하자

분석형은 문제를 자신의 기준에 맞게 해결하는 해결사이다. 이 유형의 자녀와 소통할 때는 정확한 데이터나 지식을 가지고 이야기해야 한다. 동기부여 하는 방법은 천천히 신뢰감을 가지고 기다려주는 것이다. 원인과 결과, 서론, 본론, 결론 식의 과정과 결론이 논리적일 때 신뢰와 안정감을 가진다. 분석형은 뭔가에 몰입하는 중독의 가능성이 있다. 이들과는 속도와 완벽의 문제로 인해 갈등이 빚

어질 가능성이 크다. 현명한 부모라면 자녀에게 속도를 맞추는 지혜가 필요하다.

또 다른 대표적인 인물은 고 삼성그룹의 창업주 이병철 회장을 들수 있다. 일본 대학을 다니다가 중도에 그만두고 고향에서 농사를 지을 때 이야기다. 그는 논에서 돈 버는 방법을 실험하고 연구했다. 당시 논 200평에 농사가 잘되어야 쌀 두 가마니가 생산되었다. 한 논에는 벼를 심고, 한 논에는 미꾸라지 새끼 1천 마리를 넣어 가을 수확때까지 똑같은 비용을 투입해서 각각 재배했다. 그 결과, 한 논은 쌀이 똑같이 두 가마, 한 논에는 미꾸라지가 이천 마리로 늘어나서 쌀네 가마의 값을 받았다. 그의 호암자서전에서 무한 탐구와 무한 정진의 태도는 기업을 운영하는 사람이 갖춰야 할 자세라고 했다. 분석적이고 탐구하는 자세를 가진 이병철 회장은 위기를 맞을 때마다 자신만의 방법으로 해결하는 기지를 발휘했다.

분석형의 학습은 전략 전술을 잘 활용해야 높은 성취가 가능하다. 논리적 이해가 먼저 이루어지는 것이 어떤 것보다 중요하다. 분석형은 이해만 되면 꾸준히 잘한다. 단점은 비판적인 성향이 강하다. 지식적으로 너무 잘 알고 있는 것이 많아서 거만함을 풍길 수 있다. 상대의 감정을 무시하는 경향을 보여서 대인관계에 약한 모습을 보인다. 논리가 강하고 아는 것이 많아서 잘난 척한다는 인상을 주다 보니 상대를 배려하는 것이 약점이 될 수 있다. 분석형의 부모는 시간을 가지고 믿어주어야 한다. 분석형 아이는 '합리적 설명'이 관건이다.

6. 나에게 맞는 학습유형을 찾는 3가지 방법

끊임없는 실수 속에서 인간은 진리를 깨우친다.

 – 프로이드 –

세상 모든 사람이 각기 다른 얼굴과 성격을 가지듯, 모든 아이의 학습유형이 다르다는 사실을 알고 있는가? 그런 아이들에게 천편일률적인 부모의 공부법을 강요한다면 반드시 문제가 생긴다. 아이의 공부 재능이 점점 퇴화하고 흥미를 잃어버려 빛나는 재능은 사라질 것이다.

"잘하는 아이가 했던 방식대로 했는데 왜 내 아이는 안 될까?" 내 아이에게는 내 아이만의 공부법이 있다. 그것을 끄집어내고 숨겨져 있는 보물을 놓치지 않아야 한다.

◆ 과학적 분석과 경험이 학습유형을 찾는 지름길이다

사람의 심리를 과학적으로 평가할 수 있을까? 심리평가의 가치는 '인간애'를 기본으로 서로 다름을 이해하는 게 시작이 된다. 자녀의 나이와 발달에 맞는 교육에 대한 걱정을 한 번쯤은 해보았을 것이다. 각기 다른 얼굴, 다른 환경 속에 있는 자녀의 색깔을 찾아서 더 빛나는 아이로 커나가기를 바라는 것이 부모의 마음이다. 나 또한 어떤 방향으로 아이를 키워야 할지 고민을 많이 하였다. 내 아이가 어떤 것에 흥미를 느끼고, 내가 잘하는 것은 무엇이고, 내가 키워나가야 하는 것은 어떤 것인지 궁금할 것이다.

주원이는 초등학교 3학년이다. 담임은 아이가 수업 시간에 엉뚱한 대답하는 것을 문제 삼았다. 엄마는 그 이후로 아이가 문제가 있는지 고민에 빠졌다. 상담하면서 느낀 점은 담임선생님이 "왜 그런 생각을 했어?" 물어보면 되는데 불안이 높았다. 엄마는 과학적인 방법으로 분석한 데이터를 가지고 선생님과 상담하고 싶어 했다. 웩슬러 지능검사, 부모 양육 태도검사, 부모 기질 검사, 자녀 기질 검사 등을 검사하고 사전조사서를 바탕으로 상담을 진행했다.

주원이의 경우는 추론 능력이 상당히 뛰어난 창의적이고 수학적 능력이 뛰어난 전형적인 이과 성향이 강한 아이다. 부모가 생각하는 기준과 틀을 확장하고 궁금하면 아이에게 질문 할 수 있어야 아이의 사고를 파악할 수 있다. 그러나 안타까운 점은 엄격한 양육태도로 이런 기량이 충분히 발휘되지 못하고 있었다. 웩슬러 지능검사를 통해서 내 아이의 장점과 성향 그리고 현시점에서 필요성에 대해서 명확해졌다. 아이의 특성을 이해하면서 아이를 나의 관점으로 보지 않게 되니 편안한 마음으로 아이를 바라보는 기회가 되었다. 주원이는 잘하는 것에 대한 인정 그리고 따뜻한 양육태도 환경을 끌어올리는 것이 중요하다.

◆ 유형에 맞는 장·단점의 파악

내 자녀를 색으로 표현하면 무슨 색일까? 빨간색일까? 파란색일까? 당신이 자녀의 빛깔을 알고 있는지 궁금하다. 자녀는 노란색인데 부모가 빨간색으로 알고 키운다면 무슨 일이 생길까? 아이가 불행해진다. 자녀가 가지고 있는 잠재된 특성을 깨워보자. 부모가 유심하게 내 아이의 특성을 파악하는 것이 먼저이다. 하지만 아이의 체계적인 성장을 이끌어주기 위해 검사 도구를 활용할 수도 있다. 학습과 진로에 있어서 지능과 성격이 차지하는 비중은 매우 크다. 성격은 자신이 가장 자연스럽게 나타내는 사고와 행동 패턴을 의미한다. 성격검사를 하면 자신에게 가장 자연스럽게 어울리는 학업 및 적성을 알 수 있다.

중3의 수아는 거식증을 앓고 있었다. 쓰러질 듯 마른 몸을 하고 음식을 거부했다. 시험 기간에는 더 예민했다. 성적은 전 과목에서 한, 두 개 틀릴 정도로 우수했다. 하지만 더 잘해야만 엄마의 사랑과 관심을 받을 수 있었다. 엄마와 딸은 성격이 달라도 너무 달랐다. 예민하고 자기주장이 강하고 주도적인 수아와 달리, 엄마는 아이의 감정을 대수롭지 않게 생각했고, 무뚝뚝했다. 수아의 거식증은 아플 때 관심 받으면서 시작되었다. 수아는 무엇을 잘하지 않아도 사랑받고 싶었다.

옵티마 종합검사 결과, 책임감과 주도성이 자신을 이끄는 동력으로 작용했다. 하지만 자존감과 생활 만족도는 거의 바닥이다. 겨우겨우 견디고 스트레스에 함몰되어 있다. 검사 결과를 설명 들으면서 수아 엄마는 가슴 아파했다. "애가 혼자서 너무 잘해서 믿었다."라는 말을 했다.

심리검사의 수치를 알면 아이를 더 이해하기 쉽다. 몸무게가 궁금할 때 체중계에 올라서서 체중을 재고, 아픈 곳을 확인하기 위해 X-ray를 찍듯이, 나라는 사람의 생각과 마음은 심리평가를 통해 알 수 있다.

◆ 인생의 혁신을 꿈꾸어라

신뢰도 있는 정확한 평가와 다각적 상황 파악을 통한 개개인의 특성에 맞는 결과 해석을 통해 자녀의 노력에 합당한 삶을 수월하게 살 수 있도록 도와주어야 한다. 지능검사를 사용하는 가장 큰 이유는 현재 당신 자녀의 상태 파악과 추후 양육 방향을 모색할 수 있기 때문이다. 결과 값이 어떻게 도출되는지 살펴보고 어떠한 점이 결과에 영향을 미쳤는지 확인한다면, 자녀의 강점을 파악하고 약점을 보완하는 데 큰 도움이 된다.

성격유형검사를 통해 자기 성격유형의 강점과 현재의 길러야 할 점들을 인식하는 메타인지의 관점에서 자신을 바라보는 힘을 키울 수 있다. 웩슬러 검사는 각 항목의 결과 값에 대한 정확한 해석이 무척이나 중요하다. 예를 들어 인지 역량은 생각보다 후천적 학습 상태를 상당히 반영하며, 환경 정서 상태와 밀접한 관련이 있다. 지능검사의 결과 값으로 타고난 지적 능력뿐만이 아닌 현재까지 당신의 자녀가 얼마만큼의 경험을 어느 정도의 효율성을 가지고 습득해 왔는지를 알 수 있다.

따라서 타고난 머리가 좋다고 할지라도 후천적 학습과 경험이 부족하다면 IQ 또한 떨어질 수 있다. 반대로 타고난 머리가 좋지 않을지라도 학습과 경험을 통해 충분한 지능의 향상을 도모할 수 있다. 지능검사를 사용해 자녀의 정서와 환경적 상호작용들을 충분히 고려한 결과값을 내고, 결과 해석을 통해 내 아이의 강점을 강화하고, 약점의 보완을 위한 방법을 찾고, 환경적 특성을 고려한다면 내 아이를 이해할 수 있다. 과학적인 근거와 함께 내 자녀를 알아가는 기준을 마련하는 것이 내 아이의 인생 혁신을 마련하는 발판이 된다.

5

자녀의 파워 DNA를 깨워라
: 부모역할

5장.
자녀의 파워 DNA를 깨워라
: 부모역할

1. 부모의 스트레스부터 관리하라

◆ 부모가 행복해야 자녀도 행복하다

한국인이 가장 많이 쓰는 외래어 1위가 '스트레스'라고 한다. 부모의 삶도 예외는 아니다. 처음 부모로서의 삶을 시작할 때 낯설고 부담스러운 마음부터, 아이가 커갈수록 마음대로 되는 것은 하나 없는 것까지 스트레스가 이만저만이 아니다. 내가 잘하고 있는 게 맞는지 불안한 마음은 커져만 간다.

'설마 내 아이는 저러지 않겠지?' 했던 걱정도 자녀가 사춘기가 되면 일상이 되니 '좋은 부모 역할'은 갈수록 막막하다는 표현이 어울린다. 부모의 양육 스트레스는 개인과 가족 구성원뿐 아니라 우리가

속한 사회의 건강성에도 많은 영향을 준다. 나와 가족, 우리가 더불어 사는 사회가 좀 더 편안하고 행복해지기 위해 꼭 필요한 스트레스 관리는 어떻게 해야 할까?

◆ 건강한 부모, 건강한 자녀의 객관적 지표부터 확인하자

현대사회를 살아가는 부모는 과거보다 정말 많은 스트레스에 노출된다. 경제적 부담, 급변하는 사회 그리고 여러 가정 문제들이 스트레스에 일조하고 있다. 너무 심한 스트레스를 받게 되면 자기 능력을 충분히 발휘하기 어려워지고, 부모로서 양육 능력에도 부정적인 영향을 받는다. 부모들이 받는 스트레스의 종류는 개인적 스트레스, 결혼 관계 스트레스, 양육 스트레스, 사회적 지지의 부족 등이 있다.

부모의 스트레스는 자녀의 문제행동을 만든다. 효과적이지 못한 부모의 양육 방식이나 태도는 자녀의 반항적 행동, 품행 문제, 공격적 행동과 연관된다. 이런 문제행동이 발생할 위험성이 높은 아이들에게는 교육적이고 따뜻한 부모가 필요하다. 그러나 만약 부모가 너무 심하게 스트레스를 받으면 좋은 부모로서 역할 수행이 어렵다. 불행하게도, 부모가 자녀보다 더 많은 행동상의 문제를 나타내면, 그것만으로도 아이에게 스트레스를 주게 된다. 결국, 부모 역할의 어려움이

자녀 행동 문제를 악화시킨다. 부모의 스트레스, 부모 역할의 붕괴, 그리고 자녀의 행동 문제가 서로 영향을 주고받으며 악순환 된다.

부모 스스로 스트레스 관리법을 터득해보자. 당신 자신의 스트레스와 개인적 문제를 다스리지 못하면 당신의 아이에게 필요한 것들을 해줄 수 없다. 자녀의 요구를 잘 충족시켜 주기 위해 극복전략을 사용하자.

---

*스트레스 극복전략

첫째, 자기 생각과 믿음에 대해 다시 생각하기

둘째, 효과적인 양육 기술 배우기

셋째, 부부만의 시간 갖기

넷째, 정확하고 합리적으로 생각하는 방법 배우기

다섯째, 화를 다스리는 방법 익히기

스트레스를 잘 극복하기 위한 기술을 익혀서 생활방식의 변화를 주는 것이 무엇보다 필요하다.

◆ 나의 긍정성을 발휘하는 마법 같은 말의 활용법

자녀에게 도움이 되기 위해 이 글을 읽고 있다면, 당신은 이제 좋은 부모가 될 준비가 되었다. 당신이 건강해야 자녀에게 진정한 도움을 줄 수 있다는 걸 인식했을 것이다. 부모가 자신을 배려하는 시간을 가질 때 그만큼 자녀에게 더 훌륭한 부모가 될 수 있다. 양육 스트레스를 느낄 때 당신의 몸, 생각, 행동을 스스로 통제할 수 있는 기술을 배우는 것이 필요하다.

거침없는 말은 서로의 마음을 할퀴고 상처만 남긴다. 나도 아들이 사춘기였을 때 자기 생각을 거침없이 이야기해서 감정부터 상했다. 부모로서 무력감도 느끼고 어른에게 함부로 한다는 고정관념으로 자존심의 상처를 입었다. 나는 "너 잘되라고 하는 말이다."라고 충고하지만, 정작 나는 엄마니까 존중받고 싶었다. 내가 이 감정을 알아차리자, 아들의 억울함도 이해가 됐다. 이처럼 자신이나 남에 대해서, 혹은 일상적인 사건에 대해서 '생각하는 방식' 자체가 스트레스를 만드는 경우가 허다하다. 자기 생각을 다시 평가해 보고, 필요하다면 바꾸는 방법으로 '한 줄 감정 일기 쓰기'를 추천한다.

자녀의 반복적인 문제행동을 받아들이기 어렵다면, 부모 자신이 가진 양육 기술을 재검토해야 하는 시점이다. 효과적인 부모 양육 태도검사를 사용하여 부모의 양육태도를 점검하고, 객관적 지표로 문제 해결을 위한 구체적 기술을 배우며 적용해 볼 때이다. 부모 양육 태도검사 항목은 지지표현, 합리적 설명, 성취 압력, 간섭, 처벌, 감독, 과잉 기대, 비일관성 이렇게 8가지로 구성되어있다. 당신이 자녀에게 하는 행동을 점검하는 아주 중요한 기준이 된다. "제가 이렇게 지지하는 표현을 안 하는 줄 몰랐어요."라며 많은 부모가 당황스러워한다. 당신의 검사 결과는 어떨까?

◆ 완벽한 부모는 마음 근육이 튼튼

부모의 마음 근육이 튼튼하고 건강해야 자녀에게 진정한 도움을 줄 수 있다. 부모가 자신을 배려하는 시간을 가질 때 자녀에게 더 훌륭한 부모가 될 수 있다. 아이를 키우다 보면 여러 가지 양육 스트레스는 어쩔 수 없이 생기기 마련이다. 스트레스의 원인은 아이들일 수도 있겠지만 환경적인 요인, 부부간의 갈등, 혹은 양육자 자신 때문일 수도 있다. 적당한 스트레스는 오히려 건강한 가정생활을 하는 데 도움이 될 수도 있다. 하지만 높은 수준의 스트레스가 계속될 경우, 신체적인 증상이나 심리, 정서적으로 병이 생긴다.

동아일보 이윤태 기자의 설문 결과에 따르면 코로나 이후 육아 때문에 삶의 균형이 무너졌다고 한다. 회사에서도 애들한테도 죄책감이 들고 우울증 진단까지 받는 사례들이 늘고 있다. 부모 중 68.8%가 자녀 양육 스트레스를 받는다고 응답했다. 아이들과 함께 생활하다 보면 스트레스는 어쩔 수 없다. 스트레스가 발생하면 '우리 아이와 내가 참 열심히 살고 있구나'라고 마음먹어야 한다. 혼자만의 시간을 가지기도 하며 좋아하는 운동이나 취미 활동을 통해 소진된 에너지를 회복하는 시간이 필요하다. 부부간의 시간을 더 갖는 것도 추천한다.

헨리 데이빗 소로우의 대표작 〈월든〉에서는 "아이들 자신의 리듬을 가지고 자신의 길을 가게 하는 것은 아이의 성장 발달에 있어서 가장 중요한 요소이다."라고 말한다. 부모가 먼저 자신의 속도와 리듬을 가지고 아이를 바라보는 태도가 필요하다. 이런 과정을 통해 자연스럽게 아이들도 자신의 마음 근육을 성장시킬 수 있다.

부모가 아이의 잠재력과 미래에 대한 낙관적 관점이 중요하다. 한 걸음 물러서서 아이들의 삶을 바라보며 부모의 바람을 투사하라는 것이 아니다. 아이들 스스로 삶을 살아가도록 바라보는 자세를 가질 수 있다면 자녀는 힘을 얻어서 공부에 대한 스트레스도 줄어든다. 당신은 그런 아이의 모습에서 힘을 얻고 양육 스트레스에 대해서도 초연해질 수 있다. 당신의 마음 근육을 키우기 위해서 자신에게 먼저 해주어야 할 말은 "잘하고 있다."는 격려이다.

2. 자녀에게 애정과 지지를 표현하라

부모가 해야 할 일은 스무 살이 되기 전 자녀들의 기본적 성격과 기질을 변경하는 것이 아니다. 아이들이 가진 그대로, 표현하고 싶은 그대로를 존중하고 사회에 적응하는 데 있다.

– 로렌스 굴드 –

세상 모든 부모는 내 아이 인생이 행복하기를 기도한다. 기왕이면 자신보다 나은 경제적·사회적 지위를 가지기를 바란다. 하지만 "너 잘되라고 그런다."라는 표현으로 비난하는 말로 비수를 겨눈다. 안타깝게도 점점 아이들과의 거리는 멀어진다. 이는 성공한 삶의 척도가 그 과정보다 결과물에 초점이 맞춰진 탓이다. 이렇게 되면 남들과 끊임없이 결과물을 비교하며 불행하다는 느낌을 받는다.

다행스러운 점은 부모 세대가 자녀에게 최선을 다한 것처럼 아이가 더 행복한 사람으로 성장하는 진짜 성공한 인생을 설계할 수 있도록 하는 비법이 있다. 그것은 내 아이에게 진심 어린 애정과 지지를 표현하면 된다.

◆ 자신의 감정부터 알아차리자

사회심리학자 케이 노마구치 말에 의하면 부모 자신의 일과 자녀의 교육 등 많은 일을 동시에 처리하다 보면 스트레스를 많이 표출할 수밖에 없다고 한다. 이럴 때 아이 역시 부정적 감정의 지배를 받는다. 부모의 불편한 표정이나 목소리, 몸동작 등이 아이에게 옮겨가는 '정서 전이' 현상이 일어나기 때문이다. 반대로 부모가 스트레스를 잘 조절하고 인생을 즐기며 사는 모습을 보인다면, 아이 역시 좌절감이나 불안감을 쉽게 느끼는 사람으로 성장할 가능성이 줄어든다. 부모는 자녀에게 있어서 가장 최고의 선생님이자 인생 멘토라는 기준을 세우자.

'성격·사회 심리학 저널(Journal of Personality and Social Psychology)'에 발표된 논문에 따르면 다른 사람의 감정에 잘 공감하려면 본능과 직감에 따라야 한다고 한다. 하지만 공감 능력은 분석적인 사고를 하는 사람일수록 뛰어나다. 사회, 문화적으로 분석적인 사람은 감정표현에 약하고 다른 사람과 공감대를 잘 형성하지도 못한다는 편견이 있다. 하지만 감정표현은 미묘하고 섬세해서 해석능력이 필요하다. 상대방의 표정이나 언어를 단서로 분석하는 과정이 필요하다. 즉 본능과 직관에 따르는 방법보다 냉철하고 분석적인관점에서 바라보는 것이 더 객관적이고 정확하게 다른 사람의 감정에 공감할 수 있다.

부모가 자녀의 마음을 읽을 수 있는 능력은 화목한 가족관계를 형성하는 아주 중요한 기술 중 하나이다. 하지만 부모가 자신의 부정적인 감정을 알지 못하고 억제하거나 좋은 감정도 표현하지 못한다면 화목한 가족은 사실상 기대하기 어렵다. 친구와의 우정, 사업 상대와의 원만한 교섭, 연인과 깊은 교감 등은 다른 사람의 감정 상태를 파악할 수 있는 능력에서 기인하기 때문이다. 상대의 마음은 잘 공감하고 이해하는데 나 자신을 표현하고 말하기 힘든 사람들을 상담 현장에서 많이 만난다. 내가 어떨 때 행복한지, 화나는지, 슬픈지, 즐거운지 내 감정사용 설명서를 개발해야 할 시점이다.

◆ 감정사용 설명서 활용 방법

감정 사용설명서를 활용할 준비가 되었는가! 하루 중에 가장 많이 느꼈던 핵심감정을 적어보면 된다. 감정이라는 단어가 어렵고 생소할 수 있다. 매일 우리는 하루에 오만가지 감정을 느낀다. 먼저, 하루 중 내가 제일 많이 느낀 감정을 하나만 적어보자. 다음 단계는 내 감정을 객관적으로 이해하자. 단어로 내 감정을 적어보면 객관적 시각이 생긴다. 자기감정을 인식하고 이해하면 감정조절이 쉬워지고, 상대의 감정도 잘 읽고 적절히 반응할 수 있다. 자연스럽게 내 아이의 감정에도 반응하기 쉬워진다. 자녀와의 애착 관계가 잘 형성되는 지름길로 진입한 것이다.

---

* 감정사용 설명서

1단계, 하루 중 제일 많이 느낀 감정 단어 쓰기

2단계, 감정의 이유를 한 줄 쓰기

3단계, 감정에 대한 이해와 공감하기

다음은 자녀와 건강한 애착 관계를 위한 부모들이 할 수 있는 정서 회복 루틴 방법이다.

---

* 정서 회복 루틴 방법

첫째, 부모가 먼저 평정심을 가지고 일관된 교육 태도를 갖추는 것이 중요

자녀에게 안전하고 편안한 환경을 조성하고, 적응할 수 있는 시간을 제공하자

둘째, 관심과 돌봄의 끈 놓지 않기.

"요즘 기분은 어떠니? 괜찮니?", "엄마 도움이 필요하면 이야기 해" 등의 질문하기

자녀의 불안하고 두려운 감정을 이해하고 공감하는 부모의 태도가 중요

셋째, 문제를 바라보는 관점 바꾸기

문제행동이 발생했을 때 이해하는 것이 우선

마음의 상처 치유는 문제행동 수정보다 아픔을 이해하고 따뜻하게 돌봐줄 때 회복

◆━━━━━━━━━━━━━━━━━━━━━━━◆

자녀가 스스로 보살피는 힘을 얻는 방법이 있다. 사람마다 식성이 다르듯 자녀가 느끼는 사랑의 언어가 다르다. 이를 알아차리고 부모는 존중, 안정, 인정, 기운의 말을 아이에게 각기 다르게 한 상 가득 차려주어야 한다.

아들은 유학을 다녀와 고1을 다시 다녔다. 친한 친구들이 다 졸업하고 고3이 되자 많이 외로웠던 모양이다. 그 힘들었던 아들은 고3인데 야간자율학습을 하지 않고 왔다. 담임 선생님께 그 말을 전해들은 나는 아들에게 물어보았다. "너 괜찮아!" 아들은 눈에 눈물이 고였다. "너 학교에서 섬이었구나! 괜찮아?" 아들은 그동안 힘들었던 이야기를 한 아름 풀었다. 엄마의 "괜찮아?"라는 이 말에 힘들었던 마음이 녹아내리고 사랑받는다는 감정을 느껴졌다고 했다.

내 아이의 마음이 녹아내리는 '감정 단어'의 발견은 사랑이다.

◆ 무엇보다 중요한 건 사랑의 마음을 표현하는 것이다

"당신 삶의 가치는 무엇인가?" 일상에서 어떻게 행동했는지 생각하여 보고 당신 삶의 우선순위를 정하자. 당신의 가치관과 실제 행동을 일치시켜 패턴을 만드는 것이 중요하다. 내 감정을 이해하기 시작했다면, 화가 나거나 불만이 있을 때 좀 진정된다. 대개는 자녀나 배우자에게 화를 낼 때 이런 화, 분노를 어떻게 다스릴 것인가를 배워두는 것이 도움이 된다.

중2의 미라는 학교에서는 친구들의 눈치를 보는 것이 문제였다. 지능의 문제보다는 정서의 문제가 발목을 잡고 있었다. 아버지의 부모 양육 태도검사 결과지지 표현이 거의 없다. 처벌과 간섭, 과잉 기대는 미라의 자신감을 떨어뜨리고 학교 가는 것도 힘든 아이로 만들었다. 미라가 아빠에서 바라는 것은 "말할 때 필터를 4번 걸러주세요"이다.

다음번 상담하러 온 미라의 표정이 밝았다. 아빠는 미라에게 잔소리하지 않기로 했다. "저도 책 많이 읽고 직장에서 고치려고 많이 노력했는데 집에서는 잘 안 되네요."라며 고개를 숙였다. "아버님, 미라를 위해서 지금부터 거침없이 상처 주는 말을 하지 않으셔야 합니다."라고 했다.

자녀의 심리, 정서 문제는 부모의 양육 방식, 가족 분위기 등 가정 환경의 영향이 매우 크다. 부모의 잘못된 양육으로 발생한 부모·자녀 갈등은 학생의 학업성적에 부정적 영향을 미치는 경우가 많다. 웩슬러 지능검사에서도 보면 지능이 우수한 아이인데도 불구하고 충분히 능력을 펼치지 못하는 사례가 있다. 정서가 깨져 있을 때 부모 양육의 각도를 1도만 긍정적으로 틀어도 큰 변화를 가져온다. 무엇보다 중요한 건 따뜻한 부모의 사랑을 느끼도록 표현하는 것이다. 표현하지 않는 사랑은 사랑이 아니다.

3. 제발 아이 앞에서 부부싸움 하지 마라

세상에는 여러 가지 기쁨이 있지만, 그 가운데에서 가장 빛나는 기쁨은 가정의 웃음이다.

- 페스탈로치 -

부모는 자녀에게 있어 생애 첫 스승이자 역할 모델이다. 부모로서 갈등을 평화적이고 교양 있는 방식으로 해결하는 방법을 배워 두지 않으면 자녀는 폭력적이고 공격적인 성격으로 변하거나 매일 공포에 떨게 된다. 부부간 금실이 아무리 좋아도 다툼이나 언짢은 분위기는 언젠가 생기기 마련이다. 때때로 감정에 치우친 나머지 아이가 앞에 있다는 사실도 까맣게 잊은 채 언성을 높이는 경우가 있는데, 이러한 행동은 아이의 성장 발달 과정에 매우 부정적이고 심각한 영향을 미친다.

◆ 공부 잘하는 아이들은 부모부터 다르다

부부가 행복한 모습을 보여주는 것이 최고의 자녀 교육이라는 말이 있다. 아이 앞에서 싸우는 모습을 보여주지 않는 것만으로 그 자체가 자녀에게 교육이 된다. 그러나 아무리 행복한 부부라고 해도 부부싸움을 할 수밖에 없다. 부부싸움은 일상에서 늘 일어나는 자연스러운 것이다. 그런 점에서 부부싸움은 하는가에 관한 문제가 아니라 현명하게 잘 싸우는 법을 아이에게 보여주는 것이 중요하다. 부득이하게 부부싸움을 해야 한다면 가능한 한 목소리를 낮추고, 장소를 바꿔서 대화를 이어가는 것이 좋다.

아이가 옆에 있다는 걸 생각하지도 못할 만큼 남편에게 화가 나는 일이 있었다. 소리도 지르고 험악한 말이 오고 갈 정도로 싸웠다. 정신을 차리고 보니 순간 아들이 생각났다. 6살의 아들이 서재에서 겁에 질려서 귀를 막고 혼자 서 있었다. 죄책감이 들고 미안했다. 아들을 안아줄 수밖에 없었다. 아들은 지금도 그때 기억이 난다고 말한다. 아들이 얼마나 싸우는 것이 싫고 불안한 마음이 들었을까. 걱정하지 말라고 한들 아이의 불안은 없어지지 않는다.

무엇보다 가장 중요한 것은 부부싸움을 하더라도 화해하는 모습이다. 부부싸움에는 승자와 패자가 없다는 사실을 명심하자. 싸움을 계속하는 것이 아니라 상호 갈등을 해결하는 과정을 통해 합의하는 모습을 보여주는 것이 좋다. "엄마 아빠가 싸워서 무서웠지? 미안해. 어제 잘 이야기해서 화해했어. 너랑 동생이랑 싸우는 것처럼 엄마 아빠도 싸울 때가 있단다."라고 말해주자. 부부싸움의 궁극적인 목적은 싸움 그 자체가 아니라 갈등을 해결해나가는 과정을 통해 더 행복해지는 법을 보여주는 것이다. 아이는 집이 안전하고 부모가 안정적이어야 타고난 재능을 발휘할 수 있다.

◆ 좋은 부부의 관계는 자녀 자존감의 원천이다

취업포털 '커리어'가 기혼 직장인 278명을 대상으로 '부부싸움'을 주제로 설문 조사를 진행한 결과, 직장인은 일주일 평균 1.9회 부부싸움을 하는 것으로 조사됐다. 평균 1주일에 1회 이상 싸우는 한국의 부부들. 하지만 부부싸움을 하는 부부라도 서로 사랑하며 사는 경우가 많다. 이혼까지 하는 심각한 경우가 아니라면 부부싸움은 서로의 의견을 조정하기 위해 필수 불가결한 일인지도 모른다. 부부에게는 꼭 필요한 부부싸움, 하지만 엄마 아빠의 싸움을 바라보는 아이도 이렇게 생각할까?

중3의 혁기는 어릴 때 부모님이 너무 많이 싸워서 그 생각을 하면 화가 난다고 했다.
"그때 그 아이 마음은 어땠을까?"
"그 아이는 혼자서 무기력하게 앉아 있어요."
"그 아이를 그 불안한 곳에서 데려 나오고 싶어요."
"처음에는 맞고 있는 엄마를 보호하고 싶었어요. 내가 힘이 세면 말릴 수 있을 텐데" 하는 말을 했다. 아이는 자신의 탓이 아닌데도 자기 잘못으로 싸우는 것만 같다. "자기만 잘하면 엄마 아빠가 안 싸울 텐데…"라는 자기 존재를 부정하는 감정도 가지게 된다.

자주 다투는 부모를 둔 아이들은 언젠가는 부모가 이혼하거나 자신을 두고 사라질까 봐 불안해한다. 혹은 가족이 불행해진다는 생각에 사로잡혀 정서적인 안정감을 유지하기 힘들고 우울하다. 부모가 왜 싸우는지 파악하지 못하는 어린아이들의 경우 싸움의 원인을 자신이라고 생각하는 경우가 많다. 이 막연한 공포감이 무기력, 슬픔, 불안과 분노 등의 감정을 느끼게 될 수밖에 없다. 생후 6개월부터 청소년기까지 부모의 싸움에 영향을 많이 받는다. 가장 먼저 마음의 상처를 입고 마음도 부정적인 쪽으로 틀어져 버린다. 학습에 있어서 가장 중요한 안정감은 좋은 부부관계이다.

◆ 행복한 부부관계는 아이의 성적과 비례한다

'감정코칭' 미국 가트만 학회에 따르면 부부가 싸우는 모습을 보고 자란 아이들은 성인이 되어 공격 충동, 충동조절장애, 우울증 등을 겪게 될 가능성이 일반인보다 훨씬 높게 나타났다. 그리고 이들은 타인과의 갈등을 조절하는 것을 가장 어려워했다. 주변인들에게 자주 화를 내거나 습관적인 거짓말을 하는 사회 부적응자와 폭식이나 과식 또는 거식 등 식이장애를 겪는 사람, 불면증이나 대인관계 혐오증 때문에 원만한 대인관계를 맺기가 어렵다는 사람도 많았다. 이들은 성인이 되어서도 어릴 때의 문제를 극복하지 못해 트라우마를 겪는다.

부모의 싸움은 어린 시절 겪는 다른 어떤 경험보다 아이의 삶에 나쁜 영향을 미친다. 물론 부부싸움만이 원인은 아니다. 인간의 정신에 영향을 미치는 것은 한 인간이 가지는 유전적 성향과 그 사람이 살면서 겪게 되는 다양한 경험에서 복합적으로 오기 마련이다. 하지만 가정폭력은 자녀가 유년기뿐만 아니라 성년기에 보이는 상처, 공격적 및 몰상식한 행동과 직결된다. 문제가 조속히 해결되지 않는 경우, 심지어 자녀 본인의 건강뿐만이 아닌 사회 전체에 대한 위협으로 발전할 가능성이 있다.

부모는 마땅히 자기 행동에 대한 책임을 지며, 가능한 최선의 방법으로 행동을 통제해야 한다. 자신이 힘들게 살아왔다거나, 내가 가정폭력으로 얼룩진 어린 시절을 보낸 당사자라 할지라도, 소중한 우리 아이에게 굳이 그런 기억을 물려줄 필요는 없다. 이처럼 해롭기 짝이 없는 시스템의 반복을 멈추고, 부부간 문제를 해결하는 데 있어 서로에게 예의를 갖추며 애정 어린 방법을 택하도록 해야 한다. 우리 아이의 신체적 건강과 정신적 안녕만큼 중요한 것은 없다. 세상에 하나 뿐인 아이가 행복하게 자라도록 하는 토양은 행복한 부부관계이다.

4. 부모가 가면을 벗고 아이와 공존하라

루소의 〈에밀〉에는 "당신은 자녀가 아직 어리기 때문에 순종하기를 바란다. 내가 너한테 요구하는 것은 다 너를 위한 거야. 내가 요구하는 것을 할 테면 하고 싫으면 관두렴." 부모의 이와 같은 아름다운 말은 몽상가, 연금술사, 허풍선이, 협잡꾼 또는 온갖 종류의 미치광이가 자신들의 올가미에 상대를 걸려들게 하려고 훈련시키는 것과 다름없다. 당신의 자녀는 순종이 아니라 존중을 원한다.

◆ 자녀의 미래를 결정하는 부모의 역할

내 아이의 미래를 결정하는 역할은 부모의 가치관 정립에 달려있다. 시대의 변화 흐름에 휩쓸리지 않는 힘 '인성(character)'은 인간의 성품이자 각 개인의 사고와 태도 및 행동 특성이다. 인간이 바른 인성을 갖추기 위해 노력해야 하는 이유는 시대의 변화 흐름에 휩쓸리지 않고 자주적인 주체로서 살아가기 위함이다. 주체적이고 건강한 마인드의 아이는 부모에게 존중받을 때 자란다는 것을 다시 상기해 봐야 한다.

공부는 좋은 가치관의 정립이다. "공부는 내가 노력한 만큼 잘할 수 있고, 공부함으로써 새로운 내용을 배우는 것 자체가 즐거운 일이다."라는 말은 2020년도 수능 만점자 도현이 부모의 가치관이다. 부모는 특별히 학습 분위기를 조성하기보다 편하게 부담 없이 공부할 수 있도록 했다. "내가 원하는 방식으로, 편안한 마음가짐으로 공부하는 것이 중요하다."라고 용기를 주었다. 공부를 대하는 부모의 가치관은 아이에게 큰 영향력이 있다.

도현이는 자신을 믿어주고 인정해주는 부모의 말에서 용기를 얻고 마음을 연다. 부모가 주도권을 쥐고 자녀에게 선택을 강요하면 받아들이기 힘들다. 매일 일어나는 일과에서 작은 것부터 스스로 할 수 있도록 존중한다면 스스로에 대한 효능감이 쌓인다. 아이는 삶의 주체가 자신이 되는 자율성을 갖기 시작하면서 자기 주도적으로 성장한다. 존중하는 말에서 용기를 얻고 점점 자신의 더 큰 능력을 발휘하는 원동력이 된다.

나는 주도권을 주는 부모일까 주도권을 행사하는 부모일까?

◆ 부모의 격려는 좋은 마인드를 만든다

도현이는 "괜찮다."라는 용기를 주는 말을 듣고 자랐다. 격려의 말을 듣고 자란 아이는 내면에서 자신을 믿는 마음이 싹튼다. 스스로 소중히 여기고, 다른 사람을 이해할 수 있는 마음이 생길 수밖에 없다. 이런 경험은 부모와의 관계에서 이루어져야 하며 경험과 습관을 통해 내면에서 자리 잡아야 한다. 바른 인성의 형성을 돕기 위해, 부모는 자녀가 보고 들으며 배울 수 있는 모델링(modelling)이 되는 역할을 수행하는 것이 무엇보다 중요하다.

"너무 힘들게 공부하지 않아도 괜찮아.", "혼자서도 잘 해낼 거야."라는 말을 듣는 아이는 고민에 깊게 빠지지 않고 편안한 마음을 가질 수 있다. 지지표현은 아이가 "내가 마음먹은 것은 꼭 해내야 한다."라는 말로 스스로 책임감을 가질 수 있는 바탕이 된다. 그리고 "괜찮다."라는 격려 어린 한마디가 고3이라는 힘든 시기를 이겨내게 하는 위력을 가지기도 한다.

쏟아지는 자녀 교육서를 읽다 보면 어느새 자책만 하는 내 모습을 보게 된다. 내 아이의 성적이 부모의 성적이 되는 것이 현실이기 때문이다. 아이의 실패는 모든 게 부모 탓인 것만 같아 고개를 떨구고 자책한다. 명문대에 들어가지 못할까 봐 전전긍긍하는 부모는 과연 제대로 자녀를 보고 있는 걸까? 자녀에 대한 욕심을 내려놓는 일은 쉽지 않다. 하지만 아이에 대한 지나친 기대를 내려놓는 시점부터 진짜 교육이 시작된다. 부모로부터 격려 받고 자란 아이는 당연히 당당하고 위축되지 않는 좋은 마인드의 소유자이다.

◆ 좋은 부모 역할은 강력한 울타리이자 지지자이다

아빠는 슈퍼맨 같은 존재다. 자녀를 키우는 일은 막연한 불안감과의 투쟁이며, 부모의 흔들리는 내면세계와 정직하게 마주해야 한다. 상담할 때 아이보다 부모가 힘든 경우가 많다. 다음은 사회봉사명령을 받은 아이들을 집단상담할 때 이야기다.

'자신을 지키는 힘'이라는 주제로 이야기를 나누었다. 중2 미선이는 "내가 힘들 때마다 아빠는 슈퍼맨처럼 나타났다."라고 말했다. "이제는 아빠 눈에 눈물 나는 일 없게 할 거예요."라고 말하며 함께 참석한 부모들을 울렸던 기억이 난다.

부모 양육 태도검사에는 주요한 항목이 있다. 바로 지지표현과 합리적 설명이다. 요즘 많은 부모는 자녀 양육 방식과 관련해 어느 방향으로 나아가야 할지 갈피를 못 잡고 있다. "방임주의와 권위주의 사이에 놓여 있는 진흙 지대에 빠져 있다."라며 부모들의 곤경을 표현한다. 방임할 수도, 엄하게 할 수도 없는 처지. 게다가 아이를 자신이 생각하는 좋은 방향으로 이끌고 싶어 하는 부모의 욕구는 아이에게 일방적으로 정답을 제시하고 강요함으로써 오히려 갈등만을 키우곤 한다.

아들을 키우는 엄마 입장에서 세상에서 가장 힘든 일은 '부모 되기'라고 생각한다. 아이를 낳았다고 저절로 부모가 되는 게 아니라 좋은 부모가 되려면 그만큼 공부하고 배워야 한다는 것을 절실히 느꼈다. 나에게 주는 소중한 선물인 자녀를 키우는 동안 가슴 뿌듯한 순간보다는 가슴 아픈 순간이 더 많을 수 있다. 내가 깨달은 아이와 잘 지내는 방법이 있다. 세상에서 만나는 인생의 첫 사람인 부모의 역할은 아이에게 아낌없이 주는 나무처럼 무한 사랑과 지지자로 남아야 한다.

5. 자녀 교육에서 3원칙이 필요한 이유

부모란 하나의 중요한 직업이다. 그렇지만 여태까지 자식을 위해
이 직업의 적성검사가 행해진 적은 없다.

- 버나드 쇼 -

미국의 한 카드회사가 구인 공고를 냈다. 면접으로 자격조건과 업
무 특성을 듣는 내내 구직자들의 표정이 어두워졌다. 우선 협상력과
인간관계가 좋은 사람, 일인다역을 할 수 있는 사람, 항상 허리를 숙
여야 하고, 스스로 끊임없이 노력할 수 있는 사람이 자격조건이다.
직업 특성은 더욱 까다롭다. 상황에 따라 밤을 지새울 수 있고, 드물
게는 목숨을 내놓아야 하고, 명절엔 더 바쁘다. 게다가 일주일에 135
시간 일하고, 주7일 근무에 휴일도 없다. 힘들게 일했는데 월급을 받
을 수도 없다. 면접을 본 사람들은 하나같이 황당해했다. "이건 말도
안 돼요! 비인간적이에요. 누가 이런 일을 하겠습니까?" 하지만 회사
측은 이런 일을 실제로 하는 사람이 수십억 명에 달한다고 말했다.

과연 그 직업은 무엇이었을까? 그건 바로 '엄마'이다. 누가 알아주
지 않아도 묵묵히 그 자리를 지키는 사람. 힘들다고 말해 봐야 아무
도 몰라주는 직업. 누구나 할 수 있지만 아무나 할 수 없는 일. 바로
그 일을 하는 사람 바로 엄마라는 직업이다.

◆ 자녀 교육 3원칙

'부모교육학교'라는 곳이 있어서 부모 자격 시험문제를 통과한 사람들에게만 부모 자격증을 준다면 어떨까? "지금 모든 부모가 이 시험을 통과할 수 있을까? 나는 과연 우리 아이에게 몇 점짜리 부모일까?"라는 의문이 든다. 부모 노릇은 참 어렵다. '어떻게 하면 좋은 부모가 될 수 있을까?'와 같은 고민은 부모라면 한 번쯤은 생각해봤을 것이다.

자녀가 건강하게 성장하는 데 필요한 부모의 역할은 무엇일까? 자녀 출산 당시를 회고하면, 인생에서 가장 아름다운 최고의 감동적인 시간으로 기억된다. 하지만 그 감동의 기억은 아이가 자라면서 퇴색한다. 자녀를 잘 키울 수 있는 3원칙만 잘 지킨다면 내 아이와의 시간을 감동으로 만들 수 있다.

---

* 자녀 교육 3원칙: 일관성, 자아존중감, 대인관계능력

첫째, 일관성이다. 부모는 자녀의 거울이다. 자녀는 부모의 많은 영향을 받고 자란다. 심리적인 관점으로 봤을 때 부모 자식은 어떤 관계일까? 부모와 자녀 간에는 부모의 성품과 생활 습관이 대물림된다. 갈등이 생겼을 때 서로 심하게 상처를 입을 수 있다. 서로 존경과 배려하는 감정적으로 절제된 능력을 일관되게 보여줘야 한다.

둘째, 자아존중감이다. 금으로 된 나뭇가지에 옥으로 만든 잎사귀라는 뜻을 가진 금지옥엽이라는 고사성어가 있다. 실제로 얼마나 많은 애정을 주고, 얼마나 적절한 감독을 하느냐가 중요하다. 적절하게 높은 권위 있는 통제가 애정과 함께 중요한 양육 태도이다. 아이는 부모에게 귀중한 자녀라는 존재로서 인식되는 것이 중요하다.

셋째, 대인관계 능력이다. 부모에게서 일관되게 존재 자체로서 귀하게 존중받은 자녀들은 걸림돌이 없다. 부모와 자녀의 관계 능력의 시작이 중요하다. 부모 또한 잔소리는 두 번 반복하지 않는다. 이렇게 한계를 설정해 두면 자녀가 부모의 말을 잘 받아들인다. 이것이 관계의 시작이다. 자녀의 자율성을 존중하고, 부모의 생각도 존중하는, 서로를 존중하는 대인관계 능력이 필요하다.

◆ 부모의 원칙이 될 놈을 만든다

수능 첫 만점자로 1999학년도 수능 만점자 오승은 학생은 서울대를 졸업해 미국 MIT에서 박사학위를 취득했다. 지금은 하버드 연구원으로 '네이처'지에 제1 저자로 이름을 올렸다. 오승은 학생 부모님의 교육법은 무엇이었을까? 아버지 오형환은 당시 오십이 넘은 나이에도 한양대 행정학과 석사 과정을 준비하는 등 학구열이 넘쳤다. 오승은 역시 "공부에 흥미를 품을 수 있었던 건 아버지의 깊은 학구열 때문이었다."라고 회고한다. "아버지를 닮으려고 노력했고, 교사이신 어머니의 영향도 컸다."라고 말했다. 자녀는 부모의 닮은꼴이다.

부모의 공부 원칙과 마음가짐은 공부에 대한 좋은 본보기이다. 오승은의 어머니는 "자녀는 부모 마음대로 되지 않는다. 책을 좋아하기 위해서는 일정 시간 심심하게 가만 놔두는 것도 좋은 방법이다. 심심하면 장난감을 찾거나 책으로 손이 간다. 심심할 시간이 필요하다. 많은 것을 배워야 또래와 어울려 지낼 수 있는 세상이지만, 일찍 배워 남보다 뒤떨어지지 않아야 한다는 경쟁심이 앞서지 않았는지 생각해봐야 한다."라는 남다른 교육관이 있다.

박사가 된 오승은은 "공부할 때 남을 이기기보다, 남들이 하지 않는 것을 찾아보자."라는 가치관이 있다. 공자가 공부는 즐기는 것이라고 했던 말과 다르지 않다. 자녀에게 건강한 행동 양식의 모범이 되어줄 존재는 부모밖에 없다는 사실을 강조하고 싶다. 부모는 자녀의 사고방식, 대인관계, 가치관, 자긍심, 대처 능력 등 인지적, 사회적, 정서적 인성 전반에 걸쳐 깊은 영향을 준다. 부모는 자녀에게 가장 영향력 있는 직업이다. 어떠한 직업이 이처럼 평생에 걸쳐 잔잔한 희로애락의 감정을 맛보게 할 수 있단 말인가?

◆ 부모는 사랑이 기반된 든든한 안전망 역할이다

　자식은 부모가 꾸는 꿈이다. 자신의 세포 분열을 통해 하나의 생명이 만들어졌으니, 자신의 분신이 되어야 한다고 생각한다. 많은 이들이 부모는 존재만으로 힘이 되고 위로가 된다고 한다. 그러나 나는 그렇게 생각하지 않는다. 직업적인 이유로 그렇지 않은 경우를 너무 많이 보았기 때문이다. 대부분 부모는 아이를 사랑하고 아끼지만 안타깝게도 이 세상엔 부모가 되지 말았어야 했던 미성숙한 사람들이 너무 많다. 자신들의 문제만으로 버거워 허우적거리며 세월을 보낸다. 그들과 함께 살아가야 하는 자녀들은 하루하루가 고통이고 아픔이다.

　부모 자격증의 중요 원칙은 내면에서 일어나는 감정 컨트롤이다. 자기 스스로의 감정을 수용하는 경험은 중요한 덕목이다. 자녀에게 사랑표현을 하기 위해 반드시 갖춰야 할 능력이다. 부모가 자신의 감정적 미성숙함과 무책임함을 수십 년째 방치하는 사람들을 너무 많이 보았다. 한 사례로, 부족하지 않은 환경에서 공부보다 재미있는 게 세상에 너무 많다는 걸 알게 되면서 탈선을 일삼는 아이도 있다. 이런 경우 아이들은 꾸준히 사고를 치고, 부모는 그 사고를 덮기 위해 끊임없이 '전천후 사고 처리반'이 될 수밖에 없다. 이렇게 감정이 수용되지 않는 환경에서 공부는 남의 일이 된다.

부모는 되는 것이 아니라 되어가는 것이다. 나를 포함해서 처음 부모가 되는 모든 이들은 서툴고 부족하다. 그래서 완벽한 부모도 없다. 그러나 그런 나의 부족함을 조금씩 바꾸어 가며 아이와 함께 성장해 가는 것이 부모이지 않을까 싶다. 그 과정이 때론 힘들고 아프지만, 나를 자기 세상의 전부라 여기는 아이를 끝까지 지키고 보살피고 함께 책임지는 사람이 사랑에 기반을 둔 안전망 역할을 하는 부모라 믿는다.

6. 상위 0.1% 자녀를 둔 부모의 대화 비법

온갖 실패와 불행을 겪으면서도 인생의 신뢰를 잃지 않는 낙천가는 대개 훌륭한 어머니의 품에서 자라난 사람들이다.

- 앙드레 모루아 -

미국의 임상심리학 권위자인 토머스 고든 박사는 "부모 역할도 프로여야 한다"라고 강조한다. 수필가이자 시인으로 서울대 아동학부의 유안진 교수는 "부모라는 이름의 직업에도 자격이 필요하고, 자격이 없는 부모, 즉 무자격 부모는 아이들의 장래를 망친다."라고 경고한다.

누구나 부모가 될 수 있지만 훌륭한 부모가 되기는 매우 어려운 일이다. 부모가 아이를 어떤 방식으로 양육하느냐에 따라 아이의 삶이 달라진다. 아이는 부모의 모습을 거울삼아 자란다. 부모의 말 한마디, 행동 하나가 아이의 장래를 좌우한다고 해도 틀린 말이 아니다. 걸핏하면 부부싸움을 일삼는 부모 밑에서 자란 아이는 온화하고 따뜻한 사람이 되기 어렵다. 나 또한 내 아이를 상처입히는 부모로 살아가고 있지 않은지 늘 뒤돌아본다. 부모도 프로여야만 하는 시대가 왔다.

◆ 공부 잘하는 아이들의 비밀

세계적인 심리학자이며 정신분석학의 창시자인 프로이트는 오줌싸개로 놀림 받던 아이였다. 어린 시절 부모님 침실을 향해 소변을 누는 버릇이 있었다. 아버지는 어린 조카들과 비교하며 불같이 화를 냈다. "프로이트, 어째서 너는 너보다 어린 아이들보다 못한 거냐!" 그럴 때마다 그의 어머니는 좌절감에 빠진 프로이트를 다독이며 심리적인 안정을 취하도록 도왔다. "너는 훌륭한 사람이 될 거야. 훌륭한 사람은 작은 일에 쉽게 울지 않는단다." 그녀는 아들의 버릇을 억지로 고치려고 하지 않았다. 잘못된 행동을 개선하려는 모습을 보일 때까지 기다려주었다. 어머니의 느긋한 태도가 프로이트의 오줌싸개 버릇을 고쳤다.

심리적 안정의 기반은 지지표현 이다. 실수했을 때 지적하면 상처가 된다. 오히려 감싸줘야 한다. 만약 특별하게 잘한 일이 있을 때는 구체적으로 풀어서 이야기해 주는 게 좋다. "네가 방을 잘 정리하니깐 너무 좋다." 이런 식으로 좋은 행동은 알려주는 게 필요하고 실수했을 때는 감싸주는 태도가 중요하다.

아이와 이야기하다 보면 "너는 도대체 왜 그러니?", "너는 왜 이렇게 조심성이 없니?", "집에서 쿵쿵 뛰지 말라고 했잖아."라는 식으로 자기 생각을 표현한다. 이 문장의 주체는 바로 '너'인 아이다. 부정적인 문장의 주체가 된 아이는 부모의 말 한마디에 상처받고 자존감을 다친다. 너 전달법(YOU-message)은 문제의 주체를 다른 사람으로 넘기기 때문에 말할 때 상처를 주기 쉽다. 내가 주체가 된 전달법은 상처 주지 않고 하는 말이다. 너 전달법이 아니라 나 전달법이 필요하다.

---

* 나 전달법(I-message): 엄마는 뛰지 않으면 좋겠어
* 너 전달법(YOU-message): 너는 왜 이렇게 조심성이 없니?

◆ 공부 잘하는 아이들의 비밀

칭찬하기와 꾸짖기에도 기술이 필요하다. 아이는 칭찬을 먹고 자란다는 말이 있다. 칭찬에는 아이의 자신감을 길러 주는 힘이 있다. 부모가 자신을 인정해준다는 만족감이 아이를 더욱더 성장시킨다. 올바른 칭찬과 꾸짖기 기술이 있다. 아이가 4세가 되면 부모로부터 인정받고 싶은 욕구가 강해진다. 또한, 남들로부터 "예쁘다.", "잘했다.", "똑똑하다." 같은 칭찬을 듣고 싶어 한다. 자녀에게 긍정적인 자아 개념(스스로 사랑하고 믿는 것)을 심어주려면, 자녀에게 근거

있는 칭찬을 자주 해줘야 한다.

---

* 상위 0.1% 자녀를 둔 베테랑 육아맘의 3가지 대화법

첫째, '아이 눈을 바라보며 대화 나누기'

-아이를 혼낼 때 최대한 자세를 낮춰 아이 눈높이에 맞추기

-눈빛은 부드럽게 해서 아이가 두려움을 느끼지 않도록 행동

둘째, '먼저 아이 이야기 들어주기'

-아이를 혼내기 전에 아이 이야기를 먼저 듣는 게 중요

-정확하게 자기 의사를 표현할 수 없을 때 대신 말을 표현

셋째, '간단하게 중요한 것만 말하기'

-제일 중요한 것을 간단히 이야기하는 것이 중요

-아이가 이해하고 고칠 힘을 가지는 기회 제공

* 부드러운 눈빛으로 아이의 이야기를 먼저 듣고, 짧게 이야기

하는 것이 포인트

◆ 자녀와 사이좋은 대화법이 내 아이 상위 0.1% 만든다

나 또한 '부모 되기'에 대한 고민 없이 덜컥 엄마가 됐다. 그런데 아이를 키우다 보면 전혀 생각지 못한 문제가 계속 생긴다. 고민스러운

문제를 주위 사람들과 의논하기도 하고 귀동냥도 하였다. 그런데 주변의 조언이 오히려 나를 주눅 들게 하거나 초라하게 하는 일이 많았다. 모든 것이 나의 잘못 같았고 어느 순간 내가 아이에게 더 좋은 환경을 만들어 주지 못해 아이의 장래까지 망치는 것은 아닌지 끊임없이 불안했다.

'좋은 엄마 콤플렉스'만큼이나 '나쁜 엄마 콤플렉스'에 시달리게 되는 경험은 누구나 있을 것이다. 아이와 사이좋은 부모는 각자만의 긍정적 대화법을 가지고 소통한다. 아직 자신 있는 대화법이 없다면, 아이의 말문을 활짝 여는 가장 효과적 대화법 '나 전달법'을 배워보자. '나 전달법'은 비난하지 않고 자신의 감정과 생각을 전달하는 효과적 방법이다. 사람들은 너무나 쉽게 상대방이 나의 감정을 안다고 생각하지만, 그렇지 않다. 우리가 효과적으로 자신의 감정과 생각을 표현하지 못한다면, 다른 사람 또한 우리의 느낌과 생각을 이해할 수는 없다. 다른 사람의 감정을 상하지 않게 하면서, 자신의 욕구를 정확히 전달하고, 상대의 행동을 수정할 수 있도록 하는 효과적인 표현 기법이 '나 전달법'이다.

◆————————————————————————◆

* 나 - 전달법(I-message)의 3요소

첫째, 받아들일 수 없는 행동에 대한 비난이나 비평 없는 서술

둘째, 그 행동이 나에게 미치는 구체적인 영향

셋째, 구체적인 영향에 대한 자신의 감정, 느낌

'나 전달법'은 아이 행동을 비난하지 않고, 부모의 마음을 이해할 수 있게 해준다. 이 과정에서는 아이에 대한 평가, 해석, 질책 등이 배제되기 때문에 대화가 계속될 수 있다. 또 부모도 '나 전달법'으로 자신을 더 잘 이해하게 되며 궁극적으로 아이와 정직하고 개방된 대화를 끌어나갈 힘이 생긴다. 아이와 제대로 대화하지 못하면 아이 마음을 읽지 못하고 아이에게 어떤 문제가 있는지 정확하게 파악할 수 없다.

상위 0.1% 부모의 사이좋은 대화법은 옵티마 모델에서 가장 중요한 핵심의 역할이라는 것을 다시 강조하고 싶다.

---

* TIP! 이렇게 해보세요.

■ 칭찬할 때

· 그 자리에서 즉시 칭찬한다.

· "참 잘했어요!"라고 말한다.

· 칭찬하는 이유를 설명한다.

· 스티커나 장난감 등 적당한 상을 준다.

· 부모가 바라는 행동을 구체적으로 알려준다.

· 사랑과 칭찬의 신호를 만들어 몸으로 표현한다.

· 결과보다 과정을 중시한다.

· 아이 스스로 한 일에 대해 더욱 많이 칭찬한다.

■ 혼낼 때

· 감정적으로 화를 내지 않는다.

· 지나간 일을 끄집어내서 혼내지 않는다.

· 아이의 잘못된 행동에 대해서만 야단을 친다.

· 혼내면서 형제자매를 비교하지 않는다.

· 왜 야단치는지 분명하게 알려준다.

· 아이의 인격을 비난하거나 무시하는 말을 하지 않는다.

· 고쳐야 할 바람직한 방향을 제시한다.

· 절대 때리지 않는다.

· 시간을 정해놓고 혼낸다.

· 아이의 생각을 충분히 들어준다.

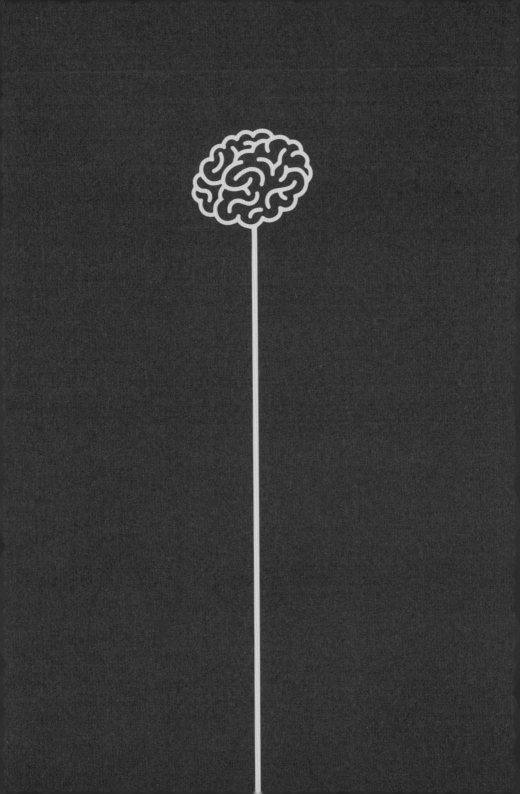

6

'옵티마 모델' 실전편

6장.
'옵티마모델' 실전편

1. 그래도 대치동 보내시겠어요?

◆ 입시생의 성공을 가져올 강렬하고 놀라운
옵티마 모델의 비밀

대치동 사교육은 세속적 욕망의 전형이다. 어떤 입시 제도에도 사라지지 않는다. 대치동은 왜 대치동인가! 사교육은 대치동의 동의어다. 불평등과 경쟁의 사슬에 얽힌 한국인에게 학벌은 생애 첫 욕망이다. 빈자에겐 계급 상승을 위한 마지막 가능성, 부자에겐 세습에 연착륙하는 첫 관문이 학벌이다. 수능 점수와 출신 대학이 일생을 꼬리표처럼 따라다니고 취업과 승진, 소득의 순환에 일조한다.

자녀의 안위와 성공을 위해 교육에 맹목적으로 매달리는 대치동 학부모의 끓어오르는 모정과 부정은 그 자체로 성스럽기까지 하다. 하지만 자녀를 스스로 삶의 주인으로 인정하는 올바른 교육관을 가지고 싶은 부모가 많다. 나는 그들에게 대치동에 가지 않고도 대치동 원조맘의 교육 비밀을 알리고, 실천할 수 있는 옵티마 모델을 통해 대치동에 보낸 효과를 얻을 수 있도록 할 것이다.

◆ 나를 리셋할 수 있는 시간

내 아이의 로드맵을 옵티마 모델로 리셋 할 시간이다. 지금까지 방향이 맞지 않을 수도 있고 인식 자체가 없었을 수도 있다. 지금부터 최적화된 삶과 목표를 명확하게 가질 필요가 있다. 세계적인 성공을 거둔 빌 게이츠도 의도적인 휴식과 재충전, 리셋의 시간을 넣는다. 일을 전혀 하지 않고 모든 연락을 차단하는 '생각 주간'을 갖는다. 마이크로소프트 경영을 위한 최고의 아이디어들을 이 일주일간의 휴식과 회복 시간에 얻었다고 고백한다. 부모가 내 아이가 가는 방향을 잘 가고 있는지 객관적인 인식 점검을 해보자.

리셋 경험은 인생뿐 아니라 부모 경력의 그래프를 바꿔놓는다. 오로지 패러다임을 바꾸는 강렬한 경험을 통해서만 내 인생에 무슨 일이 일어나고 있는지 정확히 관찰할 수 있다. 그리고 그런 고양된 상태에서만 자신과 부모로서 인생에 대한 기준을 높이겠다는 중대한 결심을 할 수 있다. 자신과 세상을 새롭게 본 후에야 비로서 스스로 현재의 환경에 묶어두는 두려움과 신념들을 넘어설 수 있기 때문이다.

만약, 내 아이가 가고 있는 길에 대한 의문이 조금이라도 든다면 지금이 리셋 할 시간이다. 마음먹고 실천하는 것이 필요하다. 잠시 멈추고 현재 내 자녀를 객관적으로 파악해보자. 객관적인 지표가 의문이 들고 혼자 감당하기 힘들다면, 객관적 검사 도구의 힘을 이용하자. 대치동의 과열된 교육 시스템의 부모와 이별하고 리셋하자. 아이들을 힘을 가진 자녀로 변화시키는 동참하는 옵티마의 물결이다.

◆ 자녀의 멘탈을 결정하는 숨은 힘을 발견하자

당신의 자녀는 얼마나 자신을 소중히 여기는 가족과 살고 있을까? 자신이 소중한 존재라고 느끼고 살아가는 것과 어떤 분위기의 가족 관계에서 성장했는지는 멘탈 형성에 중요한 요소이다. 내 아이의 평생에 걸쳐서 영향을 끼친다. 개인의 멘탈을 형성하는 것은 물론 사회적 관계에도 영향을 준다. 많은 갈등과 억압 등이 내재하던 문제투성이 가족관계 속에서 살아왔다면 사회적인 관계 구축에도 애를 먹을 수 있다. 그러면 인생 전반에 악영향을 줄 수 있고, 자칫 악순환의 고리로 작동할 수 있기에 가족관계의 중요성은 거듭 강조해도 지나치지 않다.

"될 걸 알고 있으니까 기죽지 마라." 이 말을 듣고 자란 사람의 멘탈은 어떨까? 의대생이 된 동호는 결정적인 상황일 때 이 말을 아버지에게 들으며 자랐다. 덕분에 어떤 일을 하더라도 기죽지 않고 자신감의 동력이 생겼다. 작은 성공을 여러 번 하면서 스스로 자신을 믿고 기죽지 않는 힘이 생겼다. 자신을 믿어주는 부모님 덕에 어떤 계획도 실행에 옮길 수 있었다. 부모님의 든든한 지지가 자존감을 높게 하는 시작이고 자신이 괜찮은 사람이라는 자신을 지키는 멘탈의 근원이 되었다.

부모는 아이에게 동력과 같은 존재이다. 아무리 힘든 상황 속에서 믿음을 주고 기운 나는 격려의 말을 듣고 자란 사람에게는 자기 긍정의 인식이 있다. 상담 현장에서 만났던 많은 사람이 가족관계로 상처받고 고통을 호소했다. 아무리 자식이라 할지라도 독립적인 인격체로 존중해주어야 한다. 요즘 같은 첨단 과학기술 시대에 가족관계는 과연 어떤 방향으로 가는 것이 바람직할까? 가족 구성원의 장래가 여기서 갈린다고 해도 과언이 아니다. 이제 부모-자녀 세대가 함께 가족관계 솔루션을 찾아 관계를 '리셋'해야 할 시점이다. 자녀의 멘탈을 만들어 가는 제일 가까운 사람은 부모라는 기준을 세우자.

◆ 메타인지, 학습법, 부모 역할이 핵심

옵티마 이론의 핵심은 메타인지, 학습법, 부모 역할이다. 옵티마 모델은 지금 당신이 있는 그 장소에서 대치동에 가지 않고 대치동에서의 효과를 얻을 수 있는 최적화된 방법이다. 내 아이의 잠재력을 200% 끌어올리는 상위 1%의 부모는 이미 옵티마 모델을 적극적으로 활용하고 있다. 과학적 검사를 통해 부모가 메타인지 시각을 가지고, 내 아이의 특성에 최적화된 학습 방법을 안내할 수 있다. 최 상위권을 후천적으로 따라잡을 수 있도록 건강한 멘탈을 만드는 부모들은 벌써 이 기준을 가지고 있었다.

'메타인지'+'학습유형'+'부모 역할'= '최적화 모델'

우리 아이를 시험 천재가 아닌 진짜 인생 천재로 키우는 새로운 패러다임이 왔다. 양육의 목적은 자녀를 건강한 성인으로의 독립이다. 스스로 선택하고 그것을 책임지며 살아가는 건강한 성인이다. 내가 결정하고 자율적으로 살아가는 자녀들에게는 자존감이 제일 중요하다. 이런 자존감은 부모의 역할이 밑바탕이 된다. 이렇게 지지적이고 일관성 있는 부모 역할은 아이라는 건물을 튼튼하게 만드는 기초 공사와 같다. 학습 멘탈이 좋은 아이를 만드는 주요 핵심은 안정적인 가정이다.

* 대치동의 교육을 100% 실천하는 학생들의 3개 공통점
첫째, 내가 뭘 모르는지 내가 뭘 아는지를 아는 메타인지.
둘째, 나는 방법을 모를 뿐이지 방법을 알면 할 수 있다는 학습
방법에 대한 자신감.
셋째 나의 존재만으로도 끊임없이 지지해주는 부모 역할.

목표 상황에 따라 자신에게 유리하게 옵티마 이론을 활용하면 많은
시간과 돈을 아낄 수 있는 학습 최적화를 할 수 있다.
당신, 그래도 대치동이어야 하겠는가?

2. 사례 1 : 머리가 꽃밭인 나

◆ 남들에게 사랑받지 않아도 나는 충분하다

'나는 충분히 괜찮은 사람이다'.라는 말은 "나는 사랑받을 만한 가치가 있는 소중한 존재이고 어떤 성과를 이루어낼 만한 유능한 사람이다."라는 자아존중감(自我尊重感,self-esteem)이 내포되어 있다. 자아존중감은 객관적이고 중립적인 판단이라기보다 주관적인 느낌이다. 자신을 객관화하는 것은 자아존중감을 만드는 첫 단추이다.
자존감은 '있는 그대로의 모습에 대한 긍정'을 뜻하고 자존심은 '경쟁 속에서의 긍정'을 뜻한다. 자존감은 어린 시절에 기틀을 마련한다. 부모가 내 아이에게 줄 수 있는 가장 훌륭한 유산은 아이에게 '자신은 충분히 괜찮은 사람이다.'라는 마인드를 갖게 하는 것이 아닐까?

◆ 동기는 마중물 이었다

동기는 마중물일 뿐 길게 가지 않는다. 옵티마 모델을 실천한 의대생 남규의 동생은 백혈병을 앓았다. 동생의 병이 의사가 되고 싶다는 공부 동기. 즉 마중물로 작용했다. 중2 때 '울지마 톤즈'라는 영화를 보면서 '저분의 반만 살아 봐야지!' 하는 생각이 들어 동기가 강화되었다. 하지만 그것도 잠시, 중2 때 '나는 왜 살아야 하나?'라는 생각이 들 정도로 힘든 시기가 왔다. 그땐 주변을 둘러봐도 재미가 없었고 모든 것이 무의미했다. 동기만으로는 절대 꾸준할 수 없다.

남규는 자신보다 더 힘든 부모님을 보았다. 더 힘든 상황 속에서 오히려 더 강인한 모습을 보이는 아버지의 마음을 생각하고 지속할 힘을 발휘했다. "아버지가 슬프지 않게 하려고 노력했어요. 공부하는 모습을 보이고 아버지가 힘을 많이 내었으면 하는 마음밖에 없었어요." 그렇다. 가족이 지속하는 힘으로 작용했다. 자신의 감정은 최대한 내색하지 않고 '내가 어떻게 행동해야 하는가?', '나 때문에 힘들지는 않을까?' 하는 생각이 발동했다. 이런 힘든 상황에서도 밝고 긍정적 페르소나를 사용하고, 그것은 동기를 넘어서는 자신이 되었다.

공부하면서 자신을 인정하고, 또 인정받는 것을 즐기는 태도는 이미 동기를 넘어섰다. 동기를 이끌 수 있는 견인력이 남규 내부에서 작용하기 시작했다. 자신이 처한 어려운 환경을 이기기 위해서 죽을 만큼 공부하는 과정을 통해서 성장한 자신을 보면서 행복감을 느끼는 것은 내면화의 증거이다.

"공부에 재미가 들고 그것을 한번 알고 나서 못 끊었던 것 같아요."
"힘들어도 재미있었어요."

동기는 시작하는 것일 뿐 끝까지 가지 않는다. 내가 모르던 것을 알아가는 즐거움이 공부다. 고등학교 때 선생님에게 인정받고 친구들에게 인정받는 것을 즐기면서 엄청난 효과를 발휘했다.

◆ 성장한 나를 보는 행복감을 느껴라

"스스로 성장하는 내가 행복하다."라고 말하는 남규는 전략적으로 메타인지를 사용해서 자신의 약점과 강점을 잘 파악하고 활용했다. 강점이고 약점인지 인식해서 약점을 없애는 방법을 사용했다. 예를 들면 오답 노트를 작성하면서

"나는 어떤 사고의 흐름을 가지는지, 책 읽을 때 어떻게 사고하는지!", "잘하는 친구들이 어떻게 하는지를 계속 관찰했다." 그리고 실행하고 점검하면서 과정을 즐기고 행복감을 느꼈다.

남규의 MBTI 유형은 ESFP이다. 이 유형은 이 유형은 계획과는 거리가 멀다. 끌리는 것을 즐기면서 깊이 있게 해결하는 강점이 있다.

"수학 문제 다섯 장 풀겠다는 목표를 가지고 끌리는 것부터 풀었다."

"어떤 부분에서 실수가 나는지, 실수가 나는 상황을 만들었다."

"내가 좋아하고 끌리는 과목과 문제를 먼저 푼다."라는 자신만의 특색 있는 메타인지 방식을 소개한다.

스스로 목표를 향해서 달려가는 내가 좋다는 관점이다.

"노트에 남기는 등의 행동은 하지 않는다. 머리에만 남긴다. 나 스스로 만족감으로 공부한다." "수학은 끝까지 답을 보지 않고, 적용해야 하는 것을 머릿속에 서랍에 넣어둔다."

"정의에서 파생되는 공식은 내 생각의 서랍장을 열어본다."

"몸이 힘들고 코피를 흘려도 고3 때가 힘들지 않았다."라고 자신을 스스로 격려하면서 행복감을 느끼는 말을 한다.

◆ 세상에서 가장 귀한 존재라는 존재감이 나를 키웠다

공부할 수 있는 정서적 환경적인 지원 중 가장 중요한 것은 무엇보다 부모의 지지적인 말과 행동이다. '나는 세상에서 귀한 존재다.'라는 인식은 나라는 사람이 존재하는 핵심 요소이다.

남규는 학원에서 집에 오는 길에 후배를 만나서 1시간 늦게 귀가했었던 에피소드를 떠올린다. 부모님은 올 시간에 오지 않는 자신을 위해서 도시 전체를 다 뒤지고, 사색이 되어 기다리고 있었다. 그때 어머니의 표정과 아버지의 행동에서 '나는 부모님께 참 귀한 존재다.'라는 것을 느꼈다. 부모가 자녀에게 하는 진심 어린 태도와 표정에서 자신의 존재감 지표를 만든다.

내 일생 제일의 행운은 나의 부모다. 나의 존재감을 인정받음은 부모에게서 비롯된다. "남들에게서 사랑을 안 받아도 이미 충분하다."라는 말로 자신에 대한 강한 존재감을 가진 사람을 타인이 사랑하지 않을 이유가 없다. 누구에게 사랑을 갈망하지 않아도 되는 사랑이 충만한 사람이다. 마음의 안정이 기본적으로 전제되어 있다. 부모의 대화에서 행동과 말로 자주 표현해준다면 그런 부모가 있는 것만으로 이미 인생 최고의 행운아이다.

모든 것을 할 수 있다는 자신감의 시작은 부모가 줄 수 있는 최고의 선물이다. 아이가 자신이 세상에서 가장 귀한 존재라는 긍정적 시각을 가지는 것은 옵티마 모델의 기초공사이다. 세상을 향해 도전하는 것을 두려워하지 않고 시도하는 마음과 용기는 부모님이 만들어준 '나는 귀한 사람이다.'라는 개념이다. 부모의 사랑을 통해서 자신감 있는 사람으로 컸기 때문에 가능한 일이다. 내 아이가 부모님의 사랑으로 만들어진 생각 자체가 꽃밭인 사람이라면 그것만으로도 이미 행복한 사람이다.

3. 사례 2 : 나는 잘사는 놈이다

> 자기 자신을 사랑하면 당신의 인생에 기적이 일어난다.
>
> -L 헤이-

사는 대로 얼굴이 바뀐다. 한 화가는 허름한 노숙자 주정뱅이의 얼굴에서 유다의 모습을 발견하고 그림을 그리기 시작했다. 그런데 유다의 모습을 그리던 그 주정뱅이가 잠에서 깨어나서 "옛날에 당신이 예수를 그릴 때도 내가 모델이었다."라고 말했다. 다빈치가 최후의 만찬을 그릴 때의 이 일화는 사람은 생긴 대로 사는 것이 아니라, 사는 대로 생기는 것을 말한다. 그 사람의 얼굴을 보면 삶에서 어떤 경험을 하며 살아왔는지 짐작할 수 있다. 부정적 경험이나 트라우마가 상처를 입히며 스트레스 장애로 이어지는 이유는 이러한 경험에 따르기 때문이다. 힘들 때나 좋을 때나 나를 받아들이고, 자신을 사랑하는 경험은 인생의 기적을 만든다.

◆ 나는 내가 잘하는 것을 잘한다

공부는 체험 활동하는 것처럼, 노는 것이다. 서울대 생물교육과 민규는 노는 것처럼 공부한다. 어머니와 어릴 때 체험학습의 경험이 학습의 시작이다.

"공부하게 된 동기는 익숙함의 관성이다."

"어릴 때 기억은 부모님과 함께하는 체험학습을 많이 갔어요. 그렇게 자연스럽게 활동도 하고 만져 보고 체험 활동을 하면서 자연스럽게 공부하는 쪽으로 방향 전환이 되었어요."

자연스럽게 연구 활동으로 연결되어 영재학교에 진학했다. 내가 많이 경험했던 것 중 체험 활동이 동기가 되었다. 민규의 경우 익숙하게 잘하는 것을 계속 공부와 연결한 사례이다.

내가 무엇을 잘하는지 알고 장점을 잘 활용한다.

"어떻게 공부했길래 서울대에 갈 수 있었나요?"라는 질문을 했다.

"저는 고등학교에 가서도 그다지 열심히 하는 학생은 아니었어요."

"단지. 학생은 성적을 낼 수 있는 정도의 공부는 해야 한다고 생각했어요."

"제가 암기를 좀 잘해요. 그걸 아니까 빨리 외울 수 있는 방법을 찾았어요."

"수학도 모르면 외웠거든요. 그러면 다른 문제를 응용할 수 있어요. 생각보다 쉬워요."라며 웃는다.

"내가 잘하는 것을 더 잘한다."라고 자신 있게 말하는 민규는 자신을 객관화하고 스스로를 파악하고 있는 메타인지 활성자다. 민규는 공부할 때 암기를 잘한다는 장점을 충분히 살리고 활용한다. 특히 외워서 응용하는 것을 잘하는 자신을 잘 알고 있다. 수학에 적용해서 유사 문제를 풀 때 활용하고, 응용문제를 쉽게 푼다. 자신만의 방법으로 메타인지를 활용한 학습을 실천하고 있다. 이 덕분에 민규의 목소리는 자신감이 가득 차 있다. 이처럼 작은 성취감이 모여 스스로가 잘 할 수 있다는 효능감을 만든다.

◆ 인생을 보다 가치 있게 만드는 능력

지루한 일도 계속해 나가는 것은 인생을 보다 가치 있게 만드는 진정한 능력이다. "내가 왜 이 일을 하고 있는가?", "내가 하는 일에 가치가 있는가?" 하는 질문에 대한 대답을 '지금 성실하게 일하는 것 자체다.'라고 스스로 생각한다면, 그것이야말로 가장 감사해야 할 능력이다.

이제 남은 건 실천이다. 메타인지가 잘 구축이 되었다면 내가 잘하는 것과 안 되는 것에 대한 명확한 인식이 있다. 학습적으로 잘하는 것을 지속한다면 어떤 삶이 펼쳐질까? 못하는 것을 올리는 것보다 잘하는 것을 올리는 것이 훨씬 쉽고 편하다. 명확하게 자신이 무엇을 잘하고 그것을 잘 활용할 줄 안다면? 스스로 잘한다는 성공 경험을 얻는다. 민규는 암기형으로 장점을 살렸다. '나' 발전기의 시동을 거는 장점학습을 지속하자.

"나는 잘사는 놈이다."라고 민규는 자신을 자신 있게 말한다. "실패의 경험이 있지만 두려워하지 않는 것이 저의 장점이에요." 이런 자신에 대한 인식은 긍정적인 피드백으로 만들어진 결과물이다. 부모의 긍정적인 반응이 있는 안전한 놀이터에서 아이들은 자신감을 형성하고, 자신이 무엇을 잘하는 사람인지에 대한 스스로에 대한 인식을 만들어 나간다. 내가 하는 일에 격려 받는다면 하루하루를 더 잘사는 사람으로 변화하게 되는 루틴이 생긴다.

◆ 뭘 해도 성공 경험을 주는 부모님은 나를 성장시킨다

부모가 자녀에게 보내는 신뢰와 믿음은 스스로 믿고 신뢰하는 텃밭을 만든다. "부모님과 관계 점수는 몇 점이나 될까요?" 민규는 1초의 망설임도 없이 "아마도 100명 가운데 5명 안에는 들어갈걸요." 라고 말한다.

"부모님과 관계가 정말 좋아요. 강요하지 않았어요. 공부도 마찬가지죠. 원하면 해라. 무엇을 선택해도 믿어주고, 무엇을 해도 지지해주고 그러다 보니 뭘 해도 성공 경험이 쌓였어요."

당신 아이는 신뢰의 텃밭이 만들어졌을까?

"나도 마음만 먹으면 되는구나!" 하는 긍정적 경험은 '자기효능감'의 시작이다. 나 자신의 힘을 믿는다는 건 자신의 성장 동력이 된다.

자기 능력으로 극복할 수 있지만 도전해보지 않는 아이들이 있다. 무기력에 빠진 아이들이다. "나는 안 될 거야. 잘해야만 돼. 나는 완벽해야 해." 자기의 능력의 한계를 앞서 한 실패의 경험에 가두어버린다. 이런 아이들은 학습된 무기력에서 벗어나기 힘들다.

무엇을 해도 성공 경험을 주는 부모는 성장형 부모이다. 옵티마 모델의 구성은 '메타인지', '학습유형', '부모 역할'이다. 그중 자녀를 성장시킬 수 있는 가장 강력한 힘은 부모에게서 나온다. 좋은 부모란 아이의 반응을 긍정적으로 일관되게 한다. 민규 부모님은 강력한 지지자로 부모에게 신뢰받은 아이는 자신을 성장시킨다. 내적 경험을 통해 아이는 '나는 잘사는 놈'이라는 자기 존재감을 형성한다.

당신도 긍정적인 지지와 반응이라는 부모 역할 옵티마 비밀의 문으로 들어왔다. 성공 경험을 주는, 자녀를 성장시키는 부모로의 실천이 필요하다. 내 아이가 스스로 '잘사는 놈'이라고 말할 수 있다면 얼마나 좋을까?

4. 사례 3 : 루틴을 지키는 강자

삶을 충만하게 경험하기 위해서는 삶에 대해 중요한 질문을 하는 것부터 시작합니다. 우리가 해야 하는 가장 중요한 질문은 바로 이것입니다. "나는 어떤 사람이 될 것인가?"

– 오프라 윈프리 –

나는 살면서 단 한 번도 1등을 해본 적이 없다. 하지만 한 번의 성공 경험이 나를 다른 사람으로 바꿨다. 작은 성공 경험은 변화를 만드는 단촛물이다. 실패에서 배우는 게 많다고 하지만 현실은 그렇게 녹록하지 않다. 실패하는 사람 중 대부분은 자신이 왜 실패했는지 알지 못한다. 실패한 원인을 알고 피드백을 통해 개선하여 성공으로 연결하는 사람은 아주 극소수다. 그래서 작은 것이라도 성공 경험을 늘려야 한다. 자기가 인정하는 작은 성취는 스스로 강자라는 개념을 만든다.

◆ 루틴을 지키는 힘을 가진 나는 강자

성공하는 사람에겐 그만의 '루틴'(routine)이 있다. 깡으로 하는 것은 일시적이다. 루틴은 매일 반복하는 특정한 행동을 말한다. 미국의 방송인 오프라 윈프리는 '명상과 일기'가 매일 빠지지 않고 하는 루틴이다. 주식 투자의 대가 워런 버핏과 그의 파트너 찰리 멍거는 매일 아침 서너 종의 신문을 꼼꼼히 읽는 것으로 하루를 시작한다. 모범적인 루틴을 빠지지 않고 지속하는 것만으로도 이미 성공의 궤도에 오른 것이다. 루틴이 있다는 것은 다른 즐거움을 희생하고 지루함을 이겨내고 우선순위의 문제에서 양보가 없다는 뜻이다. 이는 성공한 사람들에게 그만의 루틴이 있는 이유이기도 하다.

대구 의대생 지훈이는 고3 때 학교를 제일 일찍 등교하는 루틴을 지켰다. 매일 누구보다 일찍 등교하면서 스스로 뿌듯하고 보람 있는 하루를 시작했다. 재수 할때는 학원과 선생님이 시키는 대로 했지만, 오히려 휘둘리고 자신을 잃어버린 느낌이었다.

"삼수하면서 혼자서 공부를 시작하고 자신만의 규칙적인 습관과 루틴을 만들었어요. 그 루틴은 성공적이었고, 덕분에 의대에 입학할 수 있었어요."라고 말했다. 내가 선택한 습관과 긍정적 루틴의 경험이 성공으로 이끌었다. 지훈이는 자신을 믿었다. 힘든 날도 좋은 날도 습관처럼 묵묵히 하는 것이 자신의 장점이자 내공이 되었다. 매일매일 쌓아 올린 습관이 스스로를 도망치지 않도록 했다. 이런 습관은 내가 이만큼 했는데 포기한다고 하는 오기가 발동되면서 스스로 동력을 제공했다. 자신이 잘하고 있고, 자신 있게 하는 것이 자기효능감을 만든다. 차분하게 자신의 길을 묵묵히 가는 자신만의 루틴을 만들어 가는 그는 이미 멘탈의 강자이다.

◆ 매일 작은 성취가 나를 만드는 원동력이다

나를 인정해주는 매일의 작은 성취의 경험이 나를 만든다. "어릴 때 엄마와 함께 갔던 서점에서 처음으로 수학 문제지를 샀어요. 내가 고른 수학 문제지를 어렵지만 풀었던 기억이 나요."라고 지훈이는 최초의 성공 경험을 말한다. 내가 나를 인정해주는 작은 성취 경험은 강렬하게 뇌에 저장된다. 주도적이라는 말에 주목하자. 멈추지 않는 에너지의 원동력은 내가 스스로 선택한 것을 성취하는 경험에서 시작된다.

작은 주도적 학습 성공 경험의 서막은 입시생일 때 위력을 발휘했다. 어릴 때 내가 선택한 문제지를 스스로 풀고 해냈던 성공적 경험은 '나라는 사람은 잘 해낸다.'라는 긍정적 정체성을 구축했다. 자연스럽게 주도적인 학습의 마인드는 자신만의 개념 노트와 공책 사용법을 자신에게 맞게 방법을 적용했다. 그리고 주도적으로 자신의 부족함을 피드백하고, 자신을 인정하는 경험을 한다. 그리고 그에 맞는 방법들을 만들어 나가기 시작하면서 '나'만의 학습유형을 만들었다.

지훈이의 핵심은 주도적인 마음가짐이다. 어릴 때부터 스스로 선택하고 이루어낸 작은 성취의 경험들이 자신에 대한 긍정적인 인식을 만들었다. 이 유형의 학생들은 기본적으로 걱정거리나 불안한 일이 생기더라도 정서적으로 안정되고 침착한 태도를 보인다. 문제상황에서도 과제를 끝까지 완수하려는 능동적인 문제해결 의식을 가지는 것이 특징이다. 오히려 어려운 과제에서 효능감을 보이고 문제해결력을 보인다. 내가 선택한 일에 대한 책임을 보이는 안정적이고 내면의 힘을 가진 사람이다.

◆ 한 차원 높은 회복력이란?

나 자신을 구하는 방법을 아는 사람은 이미 최고의 강자다.

"타인을 고통에서 구하겠다는 것, 그것은 자신을 구하는 것과 같다."

"공부에 매진할 수 있었던 기본 동력은 부모님과의 관계에서 원망이 없어지면 시작되었다."라고 말한다. 부모님이 자신을 믿고 지지하는 마음을 보여주면서 갈등이 없어졌다. 정서적으로 안정이 되면서 자신의 목표인 수험생활을 제대로 완성해 보겠다는 경건한 마음이 생겼다. 이런 좌우명과 흔들리지 않는 철학을 가진 그는 이미 한 차원 높은 사람이다. 부모의 믿음이 한 차원 높은 회복력을 제공했다.

존재가 인정받는 느낌은 안정감을 준다. 지훈이는 삼수하면서 흔들리지 않는 멘탈의 강자가 되었다. 자신을 정확한 메타인지로 분석하고, 그에 맞는 내가 잘하는 공부 방법을 찾았다. 장점은 실행력과 포용성이고, 체계성과 지속성의 단점도 냉철히 파악했다. 이것을 강화하고 보완하면서 수험생활을 성공적으로 이끌었다. 결국, 그는 부모와의 관계에서 갈등이 줄어들고 인정받으면서 사랑받는다는 느낌을 받았다. 무엇을 했을 때만 사랑받는다는 것이 아니다. 조건을 걸지 않음으로써 나의 존재가 인정받았다고 느꼈을 것이다.

부모와의 관계 회복이 자기의 루틴을 찾아갈 수 있는 원동력이었다고 말한다. 자신의 존재보다는 공부에 초점을 맞추었던 부모님에 대한 실망감이 있었다. 그렇게 재수는 실패로 돌아갔고, 부모님에 대한 믿음이 흔들렸다. 삼수 때는 자신을 믿고 인정해주는 부모님과의 관계가 회복되면서 공부할 수 있는 안정감을 되찾았다. 따뜻한 어머니의 포용성이 다시 흔들렸던 마음을 회복했다. 자식을 믿고 인정하는 것 이것은 한 차원 높은 회복력을 제공하는 진정한 부모의 역할이다.

5. 유형별 학습 최적화 : 옵티마 모델이 답이다

◆ 입시생의 성공을 가져올 강렬하고 놀라운 비밀
옵티마 모델

내 아이를 위한 성공전략, 입시의 처음이자 끝을 장식할 놀라운 비밀은 옵티마 모델이다. 대치동으로 가지 않더라도 최고의 교육을 할 수 있다. 대치동 토박이들이 하는 최고의 교육을 받을 수 있다.

토박이 대치동 엄마들이 어떻게 자녀를 교육할까? 그들이 집중하는 교육 전략과 트렌드를 정확하게 이해해야 한다. 내 아이를 위한 부모의 확고한 방향성, 분석, 기준을 만들어 보자. 사교육의 메카 대치동. 그들처럼 아이들을 교육할 수 있는 옵티마 모델을 활용하여 우리 집을 대치동으로 만들 수 있다. 소리 없이 강한 대치동 엄마들이 휘둘리지 않고 묵묵히 자녀 교육에 매진하는 진짜 비법이다.

◆ 지식은 힘이고 옵티마 모델은 강력한 끌어당김의 힘이다

대치동 토박이 부모의 교육 공통점은 옵티마 모델을 정통했다. 부모가 정확하게 자녀를 파악하는 메타인지, 과학적 검사와 분석의 학습유형 파악 마지막으로 부모의 절대적인 지지와 사랑이라는 역할을

알게 되었다. 우리나라 6대 대학(서, 연, 고, 서, 성, 한)과 의대생들을 인터뷰하였다. 부모가 메타인지, 학습유형, 부모 역할에 대한 관점을 가지고 실천하고 있는 분들이 많았다. 입시에서 성공한 부모들과 자녀들은 이미 옵티마 모델의 실천자였다. 당신의 거주지가 대치동이 아닌 소도시라도 옵티마 모델을 실천한다면 당신도 원하는 걸 이뤄낼 수 있다.

공부 천재, 인생 천재의 계획은 자녀가 태어나면서 시작이다. 1년 계획이 아니라 자녀가 성인이 될 때까지의 장기 계획이 필요하다. 아들이 영재원에 입학할 때 영재원 원장님의 말씀이 아직도 기억이 난다. "정서적으로 안정감을 주는 것이 최우선이고, 제일 중요하다." 안정된 애착 관계의 형성이 긴 마라톤 레이스의 시작이다. 내 자녀가 어떤 것에 관심을 보이는지, 언제 행복한지 감정을 읽어주고 받아주는 것부터 시작하자. 이후는 과학적이고 객관적인 검사방법으로 자녀의 특성을 파악하고 키워주는 방법을 시도할 수 있다. 차근차근 하나씩 믿어주며 대화를 이끌어 가자. 긴 여정의 시작을 알리는 타종이 울리고 있다.

출발선에 제대로 서야 입시 농사도 성공한다. 입시 마라톤을 마무리하는 고3까지의 대장정을 준비하여야 한다. 나는 아들을 키울 때 지침이 필요했다. 몰라서 책도 보고 학원과 다른 선배 엄마들의 귀동냥에 의존하기도 했다. 누군가 실수 없이 내 아이를 잘 키워줬으면 하는 바람으로 좌충우돌히였다. 둘째를 키운다면 이런 시행착오는 없었을 것이다. 우리의 마지막 목적은 대학이 아니라 10대에 이런 경험을 통해서 20대부터 스스로 인생을 계획하여 목표를 이룰 수 있도록 만드는 것이다.

◆ 신세계로 안내하는 옵티마 로드맵

제대로 된 내 아이의 로드맵의 신세계로 진입하자. 부모는 내 아이를 키우면서 흔들리지 않는 반석과 같은 존재다. 어릴 때부터 아이를 과학적이고 객관적인 지침으로 파악하고 행복한 놀이터의 안내자 역할을 하자. 부모라는 안전한 울타리에서 마음껏 성장하고, 아이는 자신의 장점을 충분히 꽃피운다. 내 아이만의 옵티마 로드맵이라는 판독기를 효과적으로 활용해보자.

부모와 함께 아이도 성장한다. 과학적인 근거에 기반을 두고 주관적 판단을 적용하자. 내 아이를 위한 조용하지만 강력한 선택이다. 명문대 진학이 삶의 전부는 아니다. 그러나 꿈꾸고 있는 미래, 그 미래를 위해 선택한 전공을 잘 가르쳐 줄 대학에 진학하는 것은 중요하다. 의외로 상위권 대학 합격생들의 공부 비법은 단순했다. 수업에 충실하고 과제에 최선을 다했고 어려울 때마다 부모와 교사에게 도움을 청하며 자신의 장점을 최대한 활용했다. 부모가 먼저 옵티마 모델을 알고 실천한다면 아이는 새로운 인생 내비게이션을 구현한다.

내 아이만의 옵티마 전략이 필요하다. 자녀가 유치원에 입학하기 전부터 자녀의 교육은 시작된다. 장기전이기 때문에, 이를 효과적으로 대비하기 위해서는 지금부터 체계적인 학습계획을 세우고 꾸준히 실천하는 것이 중요하다. 고3이 되어 시작되면 수능 준비에 집중할 시간적 여유가 부족하다. 큰 틀을 가지고 취학 전후에 내 아이를 위한 심리/학습/ 진로 로드맵을 구축하자. 웩슬러 지능, 부모 양육 태도, TCI 기질, 학습 능력 검사 등을 기반으로 아이 성향에 맞는 학습 방법을 여유 있게 시기별 전략을 세우고 차근차근 내 자녀만의 옵티마 교육을 준비하자.

◆ 누구나 한계를 넘어 최적화를 이룰 수 있다

최단 거리로 안내하는 내비게이션, 옵티마 모델이다. 내 아이를 공부 천재, 인생 천재로 키우기 위해서 너무 많은 시간과 노력이 필요하다. 방법을 몰라서 헤매는 시간을 단축하고 싶다면 결국 옵티마 모델이 답이다. 부모 역할은 '너는 소중한 존재'라는 존재적 사랑을 이

보다 더 느낄 수 없을 정도로 주는 것이 시작이다. 다음 단계는 자녀가 성장하는 단계별로 객관적 근거를 가지고 자녀 양육의 지침을 만들어 가자. 그 힘이 자녀를 건강한 메타인지를 가진 존재감 있는 아이로 성장시킨다. 나를 분석하는 메타인지, 내 장점을 살린 공부유형 그리고 안전한 지지망의 부모역할, 세 가지가 내 아이를 최적화하는 옵티마 모델이다.

대입에 성공, 나아가 인생에 성공하려면 메타인지 관점 수립이 필요하다. 그 첫걸음이 현 위치의 파악이다. 성공적인 전략의 수립을 위해서 과학적이고 객관적인 지표로서 웩슬러 지능검사와 성격, 기질 검사 그리고 부모 양육 태도검사 등을 활용할 수 있다. 자녀의 지능을 비롯한 기질 파악과 장.단점 자녀의 성향 분석까지 파악할 수 있다. 이를 통해서 대처 방법 즉 선천적, 후천적 지능의 활용 그리고 제공하는 교육프로그램이 달라질 수 있어서 효율적으로 사용할 수 있다. 지능의 향상성(향상되고자 하는 성질)은 내 아이를 후천적으로 더 성장시킬 수 있다.

이제 남은 것은 내 아이에게 맞는 최적화된 학습 방법을 실천하는 것만 남았다. 숙지 후 내 아이에게 맞는 전략 세우고 실행해보자. 무작정 막연하게 열심히 공부하기보다 가이드를 숙지하고 자기 것으로 만들자. 입시에서도 인생에서도 성공할 가능성이 더욱 커질 것이다.

아들은 지방 일반고의 내신 4등급으로 서울 10대 대학 공대에 입학하였다. 군 복무 후 복학 전 책을 쓴 작가이기도 하다. 자신을 믿는 힘 있는 남자로 성장했다. 나는 아들을 키우면서 많은 시행착오를 거쳤다. 옵티마 모델을 활용하여 내 아이를 위한 시기별 로드맵 만들기를 기원한다. 내 아이를 공부 천재, 나아가 인생 천재로 키우고 싶다면, 지금이 옵티마 모델을 해야 할 가장 적합한 시기이다.

내 아이를 위한 유형별 학습 최적화를 이뤄낸 당신은 이미 옵티마 모델의 실천자이다.

에필로그.
나는 10대들의 성장을 돕는
'멘탈코치'다

사람이 바꾸려 해도 바꿀 수 없는 것이 한 가지 있다. 그것은 자기의 부모이다.

- 유태인 격언 -

◆ "내 인생 최고의 선물은 바로 너야."

나는 이런 얘기를 해주시는 부모님의 딸로 태어났다. 늘 나를 존중하고 아끼며 보살펴주셨다. 그 덕분에 나라는 존재에 대한 고민을 한번도 해본 적이 없었다. 당연히 사랑받아야 할 존재라고 생각했다.

나의 멘탈 관리는 부모님으로부터 시작되었고, 아들을 키우면서 강해졌다. 살면서 부모님의 딸로 태어난 것을 행운이라고 느꼈던 적이 많았다.

"누구에게 사랑받지 않아도 될 만큼 사랑받는다."

"누구에게 사랑받지 않을 이유가 없다."

자식이 이와 같은 생각을 가지게 하는 것은 부모가 해줄 수 있는 가장 최고의 선물이다.

나는 경제적으로 넉넉하지 못한 집안에서 태어났다. 사춘기에는 택시 운전을 하는 아버지의 직업이 부끄러웠고, 허름한 집을 보여주는 것이 창피했다. 언니와 오빠는 공부를 잘하지 못했고, 이름 없는 상고에 진학했다. 하지만 앞집에 사는 오빠는 서울대에 입학했고, 옆집 오빠는 국립대학 교수가 되었다.

언니 오빠와 나는 나이 차이가 많았다. 언니는 내가 초등학교 6학년 때 결혼했고, 오빠는 지방 전문대학에 다녔다. 엄마는 일 때문에 정말 너무 바빴다. 자연스럽게 나는 혼자 있는 시간이 많았다.

그런 나에게 엄마는 볼 때마다 "너는 꼭 잘될거야. 잘될 수밖에 없어.", "이순천이라는 정치가보다 더 훌륭한 여자가 될 거야."라고 주문처럼 말씀하셨다. "나는 잘될 수밖에 없는 사람이었다." 이렇게 나를 위해 항상 기도해 주시는 엄마의 염원을 들으면서 자랐다. 하지만 나는 평범하다. 평범한 여자아이였다. 하지만 어머니의 말은 나에게 주문처럼 작용했다. 평범하다 못해 항상 모자라던 나는 심리상담가

이자 겸임조교수가 되었다. 부모님의 염원은 나를 자신감 있는 사람으로 살게 하고, 긍정적인 시각으로 사람과 사물을 보는 건강한 멘탈을 가진 사람으로 만들어 주었다.

◆ 멘탈의 연속성

강력했던 지지자이자 울타리였던 부모님이 돌아가셨다. 지금 부모님은 내 마음에 계속 살아 있다. 기쁠 때나 슬플 때나 나에게 말해주신다. "괜찮다", "별것 아니다", "넘어지면 일어나면 된다. 훌훌 털고 일어나라." 나는 이 말을 제일 많이 듣고 자랐다. "뭘 해도 잘하고, 내가 참 괜찮은 사람이다."라는 점을 일깨워 주는 부모님이 나에게 존재한다. 나는 이 가족의 연속성을 아들에게 전해주고 있다.

주말 점심때 학교 기숙사에 있는 아들과 통화를 했다.
"엄마 어제 진짜 제대로 먹고 즐겁게 놀았어요."
"부럽다. 엄마도 그러고 싶어. 엄마는 오늘 즐겁게 일하면서 놀고, 먹고 할게."
함께 웃었다. 나는 아들이 평생 놀고, 먹고 사는 것처럼 인생을 즐기면서 살았으면 좋겠다. 벼락치기를 잘하는 아들이 그것을 더 잘했으면 좋겠다. 그것을 즐기면서 하면 된다. 내가 잘하는 것을 즐거워

하면서 살았으면 좋겠다. 지금도 좋지만, 더 좋았으면 좋겠다.

내 어머니에게 시작된 소통은 아들에게까지 연결되고 있다. 나는 어머니와 소통이 잘되었다. 내가 하는 말에 귀 기울여주고 "네 말이 맞다."라며 인정해주었다.

나는 아들에게 꼰대 엄마가 되지 않으려고 한다. 지금도 나는 미안하다는 말을 곧잘 한다. "엄마가 어떻게 하면 네 마음이 풀리겠니?"라는 질문도 한다. "네 말이 맞네. 잘하고 있다"라는 말도 잘해준다. 내가 태어나서 제일 잘한 일은 "우리 사이는 100명 중 첫째다."라고 자신 있게 말해주는 아들의 존재가 있어서다.

◆ 나는 10대의 성장을 돕는 멘탈 코치다

"엄마, 아빠, 당신의 딸로 태어나서 참 감사합니다. 당신들의 사랑이 나를 건강한 멘탈로 성장시켜주셨습니다." 우리는 부모를 선택할 수 없다. 나는 경제적으로 유복하지 않지만, 정서적으로는 사랑 넘치는 어린 시절을 보냈다. 집이 허름하고, 부모의 학력도 좋지 않아 위축되기도 했지만, 부모님이 할 수 있는 최선을 나에게 해주었다.

미국의 교육자 로렌스 굴드는 이런 말을 했다. "부모로서 해야 할 사명은? 스무 살 전의 자녀들이 표현하고 싶은 대로 하고, 그것을 존중해서 다양한 분야의 사회에 적응하도록 하는 것에 있다. 부모의 희망과는 다른 희망을 찬성하면, 자식은 용기를 얻을 것이며, 반대한다면 위축될 것이다." 나는 무한대로 사랑받았다. 엄마는 "그래 네 말이 맞네."라며 내 의견을 존중했다. 무엇을 해도 긍정적으로 딸을 인정했다. 아빠는 나라는 존재를 귀한 사람으로 표현하고 사랑해 주셨다. 아버지는 내가 아까워서 평생 한 번도 야단치지 않았다. 내가 집에 도착하기 전에 문 앞에서 나를 기다렸고, 내가 집에서 나갈 때면 내가 안 보일 때까지 항상 나를 지켜봐 주시던 분이다. 지극한 사랑을 받은 나는 귀하고 귀한 존재다.

나의 긍정적이고 건강한 멘탈을 형성할 수 있는 토대는 부모님이다. 태어나서 처음 만난 대상인 부모님은 나를 너무나도 가치롭게 만들어 주셨다. 나는 부모님에게 참 소중한 딸이었다. 어느 장소에서 어느 사람을 만나더라도 기죽지 않고, 위축되지 않고, 당당한 나로 살 수 있는 멘탈을 주셨다.

마지막으로 이 책이 나올 수 있도록 함께 기획한 보통 사람들 기획사 대표님과 잘 읽히는 글을 세심하게 다듬어준 공준식 대표님. 그리고 인터뷰에 응해주신 학생들에게 감사한 마음을 전한다. 진심으로 응원하고, 언제나 자랑스러워하는 나의 가족들과 나의 소울메이트 김미영 선생님. 상담센터의 김태성 선생님 그리고 마지막까지 첨

삭하느라 애쓴 내 인생 가장 큰 축복인 나의 아들 '최한'에게 진심으로 감사함을 전하고 싶다.

"하루하루가 내 인생의 축복이다."라는 내 멘탈을 만들어 주신 나의 아버지, 어머니에게 이 책을 바친다. "당신의 딸로 태어나게 해 주셔서 진심으로 감사합니다."

우리는 각자만의 개성대로
선한 영향력을 끼치는 '문화'를 만듭니다

-자존출판사